Tucholsky Wagner Zola Scott Sydow Freud Schlegel
Turgenev Fonatne
Twain Wallace
Walther von der Vogelweide Fouqué Friedrich II. von Preußen
Weber Freiligrath
Kant Ernst Frey
Fechner Fichte Weiße Rose von Fallersleben Richthofen Frommel
Hölderlin
Engels Fielding Eichendorff Tacitus Dumas
Fehrs Faber Flaubert
Eliasberg Ebner Eschenbach
Feuerbach Maximilian I. von Habsburg Fock Eliot Zweig
Ewald Vergil
Goethe Elisabeth von Österreich London
Mendelssohn Balzac Shakespeare Dostojewski Ganghofer
Lichtenberg Rathenau Doyle Gjellerup
Trackl Stevenson Hambruch
Mommsen Tolstoi Lenz Droste-Hülshoff
Thoma Hanrieder
Dach Verne von Arnim Hägele Hauff Humboldt
Karrillon Reuter Rousseau Hagen Hauptmann Gautier
Garschin
Damaschke Defoe Hebbel Baudelaire
Descartes
Hegel Kussmaul Herder
Wolfram von Eschenbach Dickens Schopenhauer Rilke George
Bronner Darwin Melville Grimm Jerome
Campe Horváth Aristoteles Bebel Proust
Bismarck Vigny Barlach Voltaire Federer Herodot
Gengenbach Heine
Storm Casanova Tersteegen Gilm Grillparzer Georgy
Chamberlain Lessing Langbein Gryphius
Brentano Lafontaine
Strachwitz Claudius Schiller Kralik Iffland Sokrates
Katharina II. von Rußland Bellamy Schilling
Gerstäcker Raabe Gibbon Tschechow
Löns Hesse Hoffmann Gogol Wilde Vulpius
Luther Heym Hofmannsthal Klee Hölty Morgenstern Gleim
Roth Heyse Klopstock Kleist Goedicke
Luxemburg Puschkin Homer Mörike Musil
La Roche Horaz
Machiavelli Kierkegaard Kraft Kraus
Navarra Aurel Musset
Nestroy Marie de France Lamprecht Kind Kirchhoff Hugo Moltke
Laotse Ipsen Liebknecht
Nietzsche Nansen
Marx Ringelnatz
von Ossietzky Lassalle Gorki Klett Leibniz
May vom Stein Lawrence Irving
Petalozzi
Platon Knigge
Sachs Poe Pückler Michelangelo Kafka
Liebermann Kock
de Sade Praetorius Mistral Zetkin Korolenko

Der Verlag tredition aus Hamburg veröffentlicht in der Reihe **TREDITION CLASSICS** Werke aus mehr als zwei Jahrtausenden. Diese waren zu einem Großteil vergriffen oder nur noch antiquarisch erhältlich.

Symbolfigur für **TREDITION CLASSICS** ist Johannes Gutenberg (1400 — 1468), der Erfinder des Buchdrucks mit Metalllettern und der Druckerpresse.

Mit der Buchreihe **TREDITION CLASSICS** verfolgt tredition das Ziel, tausende Klassiker der Weltliteratur verschiedener Sprachen wieder als gedruckte Bücher aufzulegen – und das weltweit!

Die Buchreihe dient zur Bewahrung der Literatur und Förderung der Kultur. Sie trägt so dazu bei, dass viele tausend Werke nicht in Vergessenheit geraten.

Essays

Stendhal

Impressum

Autor: Stendhal
Übersetzung: Arthur Schurig
Umschlagkonzept: toepferschumann, Berlin

Verlag: tradition GmbH, Hamburg
ISBN: 978-3-8472-6506-1
Printed in Germany

Einleitung.

Der vorliegende Band ist ein Versuch, Stendhal, einen unbedingt kennenswerten Franzosen, den deutschen Lesern durch ausgewählte Abschnitte aus verschiedenen seiner Werke als Essayisten zu charakterisieren.

Wenn dieser Franzose sicherlich vor Friedrich Nietzsche höchstens auf zwei oder drei Deutsche unmittelbar Einfluß ausgeübt hat, so wissen wir doch, welche offene oder heimliche tiefe Wirkung er auf die führenden Geister Frankreichs gehabt hat, denen wiederum ganz Europa auf den Gebieten aller Künste seine Modernität verdankt. Hippolyte Taines »Philosophie der Kunst«, dieses Fundament unserer heutigen Ästhetik, wäre nie geschrieben worden ohne die Liebe und das Verständnis des Verfassers für die Ideen Stendhals, insbesondere nicht ohne die durch das Studium von Stendhals »Geschichte der Malerei in Italien« gewonnene Anregung.

Seit man weiß, daß einer der großen Romane Stendhals die Lieblingslektüre des Zarathustraphilosophen und daß nicht nur Stirner, sondern auch Stendhal sein deutlicher Vorläufer gewesen ist, kennt und schätzt man diesen in Deutschland als einen der merkwürdigsten Romandichter der Weltliteratur und als unerreichten Renaissancenovellisten.

So ist er unlängst über den Rhein zu uns gekommen fast wie eine zeitgenössische Erscheinung und man ist höchst verwundert, wenn man vernimmt, daß bereits Goethe im Jahre 1818 Stendhals Erstlingswerke gekannt und noch in der letzten Zeit seines Lebens an »Le Rouge et le Noir« Genuß empfunden und diesen Roman Stendhals Meisterwerk genannt hat. Es erscheint zwar auf den ersten Blick sonderbar, daß Stendhal, der »melancholische Epikureer« auf zwei so verschiedene Naturen, die geradezu die beiden Pole zweier einander entgegengesetzter Weltanschauungen unserer Zeit geworden sind, wie Goethe und Nietzsche, gleich positiv gewirkt hat. Aber je inniger man sich mit der rätselvollen und vielseitigen Individualität des französischen Dichterphilosophen befreundet, um so klarer versteht man, daß sowohl der sonnige Goethe wie der düstere Nietzsche eine starke Wahlverwandtschaft an ihm entdecken mußten.

De Stendhal, oder wie er in Wirklichkeit heißt: Henry Beyle, – der deutsche Deckname kennzeichnet vor allen den Kosmopolitismus dieses Dichters und ist eine Reminiszenz an die Geburtsstadt Winckelmanns, aber wahrscheinlich weniger an diesen großen Deutschen selbst, als vielmehr wohl lediglich an irgend ein Abenteuer daselbst, – war wie so viele tiefangelegte Weltmänner innerlich ein Einsamer, ein Einsamer in seiner Familie, in seinem Beruf als Soldat, Beamter und Diplomat, in seiner Art zu empfinden, zu denken und zu leben, in seiner Kunst, in seiner Stellung zur zeitgenössischen Literatur. Immer und überall sehen wir ihn einsam und abseits, fern vom profanen Haufen und darum naturgemäß ohne allgemeinen Erfolg. Aus seinen selbstbiographischen Fragmenten können wir ersehen, wie ihn sein »anders sein«, anfangs mit Verwunderung, Schmerz, Bitternis und Haß, später, als er anfing ein rastloser und ein immer schärferer Kenner der menschlichen Herzen zu werden, mit philosophischer Resignation und sehr bald mit Stolz und Eitelkeit erfüllte. Er fand schließlich einen köstlichen und nie versiegenden Genuß darin, anders zu sein und anders zu fühlen als die verächtliche große Herde und wurde so ein bewußter Egoist, ein Individualist sondergleichen. Er haßte jede Tradition und Religion, alle Modegrößen, alles, was die Majorität schätzte und anerkannte, und oft trug er ein barockes Urteil zur Schau, nur um nichts mit der Mehrheit gemein zu haben. Er war Dilettant nach Schopenhauers Ideal, wagte sich an alles heran und scheute sich niemals, seine eigene Meinung über alle Dinge, die ihm nahe kamen, niederzuschreiben und oft gefährliche Wahrheiten »frei und frech« – wie Goethe so treffend von ihm gesagt hat, – auszusprechen. Alles das war es, was Friedrich Nietzsche zu Stendhal hinzog. Aber der Keltogermane Henry Beyle war stärker und glücklicher als jener Slave; er hatte die Kraft, seinen Egoismus zu den Höhen der Goetheschen Lebensweisheit hinaufzuführen. Stendhal war ein Enthusiast, ein Anbeter der Schönheiten des Lebens und der Künste, den Frauen gegenüber ein unverbesserlicher Idealist, als Künstler ein Schilderer und Gestalter nicht aus einer armen Sehnsucht nach der Fülle und den Höhen des menschlichen Glückes, sondern im überlegenen Vollgenusse des Lebens. Er war den äußeren Ereignissen seines Schicksales allezeit gewachsen, er fand sich mit allen Enttäuschungen des »divin imprévu« ab und blieb immer ein Sieger. »Nicht der

Besitz, der Genuß ist alles« lautet ein Grundsatz des Beylismus. Darum liebte ihn Goethe.

Treu der Absicht dieses Bandes, der Stendhal als Essayisten gewidmet ist, enthalte ich mich hier, auf seine Romane und Novellen einzugehen, und wende mich lediglich seinen essayistischen Büchern zu. Und über diese kann man sich kaum ein sachgemäßes Urteil bilden, ohne Stendhals Art zu leben, zu sehen und zu schreiben zu kennen. Stendhals Bücher sind verewigte Erlebnisse, er schrieb nur in der unmittelbaren Nachwirkung des Erlebten.

Nach einer engen freudelosen Jugend in einem Grenobler Patrizierhause mit royalistischer und jesuitischer Atmosphäre und nach einem flüchtigen Aufenthalt in Paris, ritt Henry Beyle im Mai 1800 als Siebzehnjähriger mit dem Nachschub der Armee des Obergenerals Bonaparte über den Sankt-Bernhard. Seine leidenschaftliche Phantasie glühte noch unter den Eindrücken jener galanten Romane des *ancien régime*, der Romane des Choderlos de Laclos, des Chevalier de Nerciat und anderer; wunderlich dazwischen sproßten in seinem Geiste die modernen Ideen aus der neuen Heloise und gewisse Thesen der Philosophie des achtzehnten Jahrhunderts. Unter abenteuerlichen Träumereien zog er so dem freien Leben entgegen, dem Wunderlande seiner Sehnsucht, der *cara Italia*, die er dann lebenslang heiß geliebt und zu seinem wahren Vaterlande erwählt hat. Wir lesen an seinem Grabstein auf dem Friedhof des Montmartre in Paris die in seinem Testamente geforderte Inschrift: *Arrigo Beyle, Milanese, visse, scrisse, amó. Quest' anima adorava Cimarosa, Mozart e Shakespeare*, die nur dem verständlich ist, der selbst Italien liebt. Beyle erhielt durch die Vermittelung seines Vetters, des Intendanten Pierre Daru, zunächst in der Kanzlei des Statthalters der zisalpinischen Republik in Mailand Beschäftigung und bald darauf ein Patent als Kavallerieoffizier. Als im Oktober 1800 eine Leutnantsstelle im sechsten Dragonerregiment frei wurde, gab man sie Beyle und wir finden ihn nunmehr in verschiedenen kleinen Garnisonen der Lombardei. Mit achtzehn Jahren war er Divisionsadjutant. Beyles schöne militärische Laufbahn ist, nebenbei bemerkt, einer der zahllosen Belege dafür, mit welcher Willkür die Generale der Republik, der bürgerlichen Egalité zum Hohn, ihre Schützlinge lancierten. Von Protektionswirtschaft sind also republikanische Armeen durchaus nicht frei.

Wie leicht und farbenreich mußte dem jungen Stendhal damals das Leben erscheinen: im Garten Europas, als Reiteroffizier der glücklichsten Armee, die je auf Erden existiert hat, unter der aufgehenden Sonne des genialen Giganten, in der Gesellschaft skrupelloser schöner Mailänderinnen und zum ersten Male unter den verführerischen Werken der italienischen Kunst. In vollen Zügen genoß er die Natur, die Malerei, die Musik, den Krieg und die Freuden der Eitelkeit. Er erzählt selbst, wie er in Mondnächten oft vor der weißen Marmorschönheit des Mailänder Doms von einer Melodie Cimarosas oder von einer Geliebten einsam geträumt hat.

Als er nach der Beendigung des sogenannten Mincio-Feldzuges von seiner Adjutantur abgelöst wurde, weil nach einer kriegsministeriellen Verfügung nur noch Oberleutnants dergleichen Stellen begleiten durften, mißfiel ihm der Frontdienst in seinem Regiment und die geistlose Lebensweise seiner Kameraden derartig, daß er erst einen längeren Urlaub und, als keinerlei Aussichten auf neue kriegerische Ereignisse am politischen Horizonte erkennbar waren, schnellentschlossen seinen Abschied nahm, kurz vor seiner Beförderung zum Oberleutnant. Er ging nach Paris und widmete sich philosophischen und literarischen Studien, wobei er mit einem Monatszuschuß von hundertundfünfzig Franken, den ihm sein grollender Vater oft nicht einmal pünktlich schickte, ein kärgliches Einsiedlerleben führen mußte. Die französische Philosophie des achtzehnten Jahrhunderts, deren Studium er sich in diesen Jahren auf das gründlichste hingab, blieb nicht ohne dauernden Einfluß auf seine innere Entwickelung.

Beyles Pariser Stilleben endete im Jahre 1805, als ihn die Liebe zu einer schönen Schauspielerin zu einem Wechsel seines Wohnortes veranlaßte. Wir finden ihn in Marseille, wo er ungefähr ein Jahr lang mit seiner Geliebten zusammen wohnte und ihr zuliebe bei einem Kaufmann eine Stellung annahm. Schließlich endete diese Liebschaft in der nüchternsten Weise; die Enttäuschung darüber und der Unwille seiner Familie über dieses kaufmännische Intermezzo bewogen ihn dann, abermals den Einfluß seines mächtigen Vetters in Anspruch zu nehmen. Er erhielt einen Posten bei der Intendantur der Armee in Deutschland und zwar in Braunschweig, lernte auf seinen zahlreichen Dienstreisen einen großen Teil Deutschlands kennen und nahm am Feldzuge in Österreich teil. Im

Herbst 1811 hatte er einen kurzen Urlaub nach Italien, auch Paris sah er mehrfach. Seit dem Jahre 1810 war er, wahrscheinlich durch die Vermittlung einer einflußreichen Geliebten, der Gräfin Palfsy, Auditor im Staatsrat und Generalinspekteur der kaiserlichen Mobilien. Obgleich er in dieser sehr angenehmen Stellung der Armee gänzlich fern stand, setzte er beim Ausbruche des russischen Feldzugs in seiner leidenschaftlichen Liebe zum Kriege und zu abenteuerlichen Erlebnissen dennoch alle Hebel in Bewegung, zur Armee kommandiert zu werden und er wurde schließlich in der Tat dem kaiserlichen Hauptquartier nachgesandt. Er empfängt im Schlosse zu Fontainebleau in einer persönlichen Audienz Briefschaften der Kaiserin an den Kaiser, reist in Eilfahrten der großen Armee über Frankfurt, Berlin, Königsberg nach und erreicht das Hauptquartier am Abend vor dem Übergang des Kaisers über den Dniepr. Nach Erledigung seiner Mission schließt er sich für den weiteren Feldzug dem Stabe seines Vetters, des Grafen und Generalintendanten Pierre Daru an. Er erlebt so die Schlacht bei Borodino, den Brand Moskaus und den unseligen Übergang über die Beresina in der nächsten Umgebung des Kaisers als ein kaltblütig genießender Beobachter der eindruckvollsten Ereignisse des neunzehnten Jahrhunderts. Nach dem russischen Kriege verweilt Beyle mit dem Hauptquartier in Dresden, nimmt an der Schlacht bei Bautzen teil und wird dann Armeeintendant zu Sagan in Schlesien. Da bricht seine Gesundheit unter den Nachwehen der russischen Strapazen zusammen. Ein Nervenfieber zwingt ihn, einen längeren Urlaub zu nehmen, der ihn zum dritten Male nach Italien führt. Mit dem Sturze Napoleons endet auch Beyles Laufbahn.

Die Jahre 1814 bis 1821 verlebt er als epikureischer Dilettant in Italien, zumeist in seinem geliebten Mailand. Das Studium der Renaissance macht ihn zum gründlichsten Kenner dieses Zeitalters und vollendet seine Weltanschauung, während eine große unglückliche Leidenschaft zu einer edlen Frau seinem weltmännischen Charakter eine melancholische Färbung verleiht. Als Beyle Mailand im Jahre 1821 aus politischen Gründen verlassen muß und nach Paris zurückkehrt, ist er nach einer so mannigfaltigen Schulung ein fertiger Mensch, dessen seltsame Eigenart im Spiegel seiner Werke so reizvoll auf uns einwirkt. Seine weiteren Lebensschicksale sind für seine innere Entwickelung ohne Belang. Paris, London, Rom und seine Sinekure als französischer Konsul in Civitá-Vecchia haben seinem Charakter als Mensch wie als Künstler nichts hinzuzufügen.

Diesen Charakter in kurzen Worten wiederzugeben, ist unendlich schwierig. Henry Beyle ist eine Proteusnatur im vollsten Sinne dieses Ausdruckes, voll unendlicher Widersprüche. Sein äußeres Dasein, das Wanderleben eines unsteten Kosmopoliten ohne Konvenienzen und greifbare Ziele, kaum in allen seinen Einzelheiten klar beleuchtbar, geheimnisvoll gemacht durch seine Leidenschaften für Abenteuer, Krieg und Frauen, erscheint vielleicht nur geistesverwandten Idealisten glücklich. Der Charakter des inneren Menschen entspricht seinem wunderlichen äußeren Leben. Die Urteile seiner zeitgenössischen Freunde und Bekannten gehen in den gewichtigsten Punkten auseinander, sobald es gilt, den Menschen Beyle zu zeichnen. Augenscheinlich pflegte er sich selten zu offenbaren; aus Scham vor den zarten Seiten seines Ichs kehrte er seine weltmännischen Seiten absichtlich umsomehr hervor. Er ging in der Plauderei zuweilen bis zum geistreichen Zynismus. Auf den heutigen Betrachter, der sich die Farben zu einem Bildnis Beyles ebenso aus seinen Werken und autobiographischen Fragmenten, wie aus den Überlieferungen anderer zusammensucht, wirkt dieser vielverkannte Charakter mit seinen heimlichen Schönheiten wie ein Porträt eines alten Meisters, dessen Helldunkel die Vorzüge umso reiner hervortreten läßt.

Als Künstler und Schriftsteller ist Stendhal leichter zu beurteilen, denn als Mensch. Hier unterstützen uns aus bereits drei Generationen die Urteile mehr als hundert kunstverständiger kluger Köpfe, die Stendhals Namen begeistert durch ganz Europa getragen haben. Hippolyte Taine hat ihn den größten Psychologen seines Jahrhunderts genannt, und von allen jenen geistvollen Arbeiten sei besonders der schöne Essay von Paul Bourget hervorgehoben. Wer sich mit den zahlreichen Biographien und Studien, die Stendhal gewidmet worden, eingehend beschäftigen will, orientiert sich über die gesamte Stendhalliteratur am besten an der Hand der trefflichen Bibliographie von Adolphe Paupe[1] .

---

[1] Histoire des oeuvres de Stendhal. Paris (Villerelle), 1903.

Beyles dichterische Versuche reichen bis in seine Knabenjahre zurück. Merkwürdigerweise versuchte er sich zuerst in einem Genre, zu dem, wenn man nach seinen vollendeten Werken urteilt, nicht die geringste Begabung in ihm steckte. Sein Ideal war es bis in sein Mannesalter hinein, nach dem Vorbilde Molières Komödien zu schaffen. Die Schwäche aller Stendhalschen Bücher liegt aber gerade in der mangelhaften Komposition. Dazu hat er in seinem ganzen Leben keinen leidlichen Vers zustande gebracht, der Grund vielleicht, warum er in instinktiver Abneigung vom Vers nur verächtlich zu sprechen pflegte und behauptete, ihn im Drama beizubehalten, sei ein Rest von Barbarei.

Die tiefen Eindrücke, die genußreichen Stunden, die Beyle der Musik, vorzüglich der italienischen Musik zu verdanken hatte, waren die Ursache, daß seine erste Veröffentlichung – im Jahre 1814 – auf dem Gebiete der Musik fußte. Wie leidenschaftlich er die Musik liebte, beweist deutlich eine Begebenheit seines Lebens. Als er 1813 fieberkrank und kaum reisefähig Sagan verlassen mußte, wandte er sich zunächst nach Dresden in der Hoffnung, dort »in einsamer Ruhe und im Genusse der Künste« Genesung zu finden. Er kam nach einer sehr anstrengenden Fahrt an einem Juliabend im deutschen Florenz, der ihm liebsten Stadt Deutschlands, an. Als er dort vernimmt, daß man in der italienischen Oper seine Lieblingsoper, die »heimliche Ehe« von Cimarosa gäbe, vergißt er Fieber und Müdigkeit, kleidet sich um und eilt dahin.

Stendhals Musikverständnis ist von Musikern bisweilen angezweifelt worden. Oft scheint es, als ob er an der Musik nicht den rein künstlerischen Genuß, sondern vielmehr nur eine gewisse träumerische, anregende Wirkung gesucht und geliebt habe. Vielleicht aber versteht man ihn da doch falsch. Es ist eine Eigentümlichkeit der Seele Stendhals, daß er zum Beispiel im Genusse eines von ihm bewunderten Gemäldes an eine Melodie Mozarts, in der Gegenwart einer schönen Frau an eine Gestalt Tizians oder in der stillen Träumerei vor einer erhabenen Landschaft an ein fernes geliebtes Wesen unwillkürlich zu denken beginnt. Die phantastische Wechselwirkung, diese wunderliche Vermischung von Gegenwart und Vergangenheit vertiefte seine Stimmung. Ähnlich sagt er einmal, eine schöne Landschaft gewänne immer durch historische Reminiszenzen.

Stendhals Erstlingswerk, die »Briefe über Haydn« sind keine selbständige Arbeit, sie lehnen sich bedenklich an zwei vorher erschienene italienische und deutsche Arbeiten über Haydn und Mozart an, wenngleich seine eigenen Gedanken überall leicht erkennbar hindurchschimmern. Er hat dieses Buch später selber nicht hoch eingeschätzt, aber stets den ihm gemachten Vorwurf des Plagiats entschieden zurückgewiesen. Ein italienischer Stendhalianer, der Baron Albert Lumbroso, hat kürzlich einen protestierenden, originellen pseudonymen Brief Beyles an den Verfasser des stark exzerpierten italienischen Buches über Haydn wieder ans Tageslicht gezogen[2]. Beyles Buch erschien zunächst (1814) unter dem Pseudonym Louis-Alexandre-César Bombet, später (1817) mit dem veränderten Titel »Leben des Haydn, Mozart und Metastasio« unter dem Pseudonym »de Stendhal,« das Beyle, seit 1817 bevorzugte. Unter seinem wirklichen Namen sind, nebenbei bemerkt, nur einige wenige Exemplare der Erstausgabe seiner »Geschichte der Malerei in Italien« in die Welt gegangen, die heute eine große bibliophile Seltenheit sind[3]. Sonst sind alle seine Buch-Werke teils anonym, teils mit dem Decknamen »de Stendhal« erschienen. Seine Briefe pflegte er zumeist mit immer wieder wechselnden Namen zu unterzeichnen. Man kennt ungefähr hundert Pseudonyme Beyles.

Für das vorliegende Buch kam in erster Linie die eben erwähnte »Geschichte der Malerei in Italien« in Betracht. Ursprünglich auf sechs Bände berechnet, ist sie ein Fragment geblieben; die beiden vorhandenen Bände erschienen 1817. Stendhals Arbeit daran läßt sich viele Jahre zurück verfolgen; eine Abschrift des Manuskripts begleitete ihn sogar nach Moskau, aber leider ist die umfangreiche, in Rußland gemachte Bearbeitung auf dem Rückzuge mit Beyles ganzem übrigen Gepäck verloren gegangen. Wie wir dieses Werk haben, ist es mehr ein Abriß des Beylismus von 1817, als eine reine Geschichte der italienischen Malerei. Es ist überhaupt eine Eigentümlichkeit Stendhals, seine stark persönlichen Ideen über alle mög-

---

[2] Vgl. Lumbroso, Vingt jugements in édites sur Henry Beyle (Stendhal), Florenz, 1902, Seite 18 ff.

[3] Von den zwei nachweisbar erhaltenen Exemplaren besitzt eins die königliche öffentliche Bibliothek in Dresden.

lichen anderen Dinge in die Betrachtung über einen bestimmten Gegenstand bunt hindurch einzuflechten.

Die Hauptteile der »Geschichte der Malerei« sind zwei in sich geschlossene Studien, das Leben des Lionardo da Vinci und das des Michelangelo Buonarotti. Stendhals Leben des Lionardo, das in dieser Auswahl ungekürzt aufgenommen worden ist, war zur Zeit der Erscheinung des Buches naturgemäß eine viel wertvollere Studie als für uns, die wir die neueren wissenschaftlichen Arbeiten von Müller-Walde und anderen und vor allem die musterhaften Faksimile-Ausgaben der schwer zugänglichen Manuskripte Lionardos haben. Stendhals Verständnis und Verehrung den Werken wie dem Leben Lionardos gegenüber, um die beide ein so wehmütiger Schimmer schwebt, ist echt und warm und wir stimmen ihm vielleicht nur in seinem Urteile über die Jugendwerke des großen Italieners nicht zu. So vielfach Stendhal das moderne Empfinden vorausahnt und seiner Zeit voraus oft in überraschender Weise bereits besitzt, so teilt er das uns eigene Verständnis für die italienische Malerei *vor* Lionardo noch nicht mit uns. In den Bildern des Verrocchio, des Lehrers von Lionardo, sieht er zum Beispiel nur eine kalte trockene und kleinliche Darstellung und auch in den Jugendbildern Lionardos findet er nichts als jenen ihn nicht ansprechenden Stil Verrocchios wieder. Auch die richtige Schätzung Botticellis fehlt ihm. Darin ist er doch allzusehr ein Kind seiner Zeit.

Michelangelo stand zu Anfang des neunzehnten Jahrhunderts nicht in Gunst, wie aus den befremdenden Urteilen eines de Brosses, Shelley und Schnorr von Carolsfeld hervorgeht, die Arthur Chuquet in seiner Stendhalbiographie aufführt. Aber Stendhal entfernt sich bereits stark von der allgemeinen Abneigung seiner Zeitgenossen. Von seiner Analyse des jüngsten Gerichts hat Delacroix gesagt: »Sie ist genial, ich habe keine gelesen, die poetischer und frappanter wäre ....« Man findet sie in der vorliegenden Auswahl.

Die hier ebenfalls wiedergegebene Einleitung zur Geschichte der Malerei kennzeichnet Stendhals Begeisterung für das italienische Mittelalter, dessen großartige Charaktere ihn viele Jahre lang zu Vorstudien zu einer »Geschichte der Energie in Italien« veranlaßt haben. Stendhal war der erste gründliche Kenner und Versteher des

Zeitalters der Renaissance, der Vorläufer von Jakob Burckhardt, der wiederum ein dankbarer Verehrer Stendhals gewesen ist.

Im gleichen Jahre wie die »Geschichte der Malerei in Italien« erschienen Stendhals Reiseskizzen »Rom, Neapel und Florenz«. Es ist das Buch, über das Goethe in einem Briefe an Zelter vom 8. März 1818 schreibt: »Vorstehendes sind Auszüge aus einem seltsamen Buche *Romes, Naples et Florence, par M. de Stendhal, officier de cavalerie, Paris 1817* – das Du Dir notwendig verschaffen mußt. Der Name ist angenommen, der Reisende ein lebhafter Franzose, passioniert für Musik, Tanz, Theater. Die paar Pröbchen zeigen Dir seine freie und freche Art und Weise. Er zieht an, stößt ab, interessiert und ärgert, und so kann man ihn nicht loswerden. Man liest das Buch immer wieder mit neuem Vergnügen und möchte es stellenweise auswendig lernen. Er scheint einer von den talentvollen Menschen, die als Offizier, Employé oder Spion, wohl auch alles zugleich, durch den Kriegsbesen hin und her gepeitscht worden. An vielen Orten ist er gewesen, an anderen weiß er die Tradition zu benutzen und sich überhaupt manches Fremde anzueignen. Er übersetzt Stellen aus meiner »Italienischen Reise« und versichert, das Geschichtchen von einer Marchesina gehört zu haben. Genug, man muß das Buch nicht allein lesen, man muß es besitzen.«

Dieses Buch, auf dessen Titel Beyles berühmt gewordenes Pseudonym *von Stendhal* zum ersten Male und zwar mit dem merkwürdigen Zusatz »officier de cavalerie« erscheint, hat Stendhal später umgearbeitet und zu zwei Bänden erweitert neu herausgegeben, nicht ohne dabei die ursprüngliche Frische der ersten Ausgabe stark zu verwischen.

Zwölf Jahre später veröffentlichte er in seinen »Spaziergängen in Rom« gewissermaßen eine Fortsetzung seiner ersten Italienschilderung. Sie sind länger als eine Generation hindurch der beste und geistvollste Romführer gewesen.

Zwei, auf den Umschlägen Stendhalscher Bücher mehrfach und sogar mit Angabe des Ladenpreises aufgeführte weitere Werke Beyles, und zwar: »Del Romanticismo nelle Arte« (Florenz, 1819), sowie eine »Vie de Canova« (Livorno, 1822), scheinen nie existiert zu haben.

Es folgte 1822 Stendhals berühmtes Buch »Über die Liebe«, das dem Biographen wichtige Aufklärungen über das Thema *Stendhal und die Frauen* gibt. Es spiegelt seine unglückliche Leidenschaft zu einer schönen Mailänderin wieder, der Generalin Mathilde Dembowska, in deren Bann er seit 1818 lag. Es ist größtenteils in Italien geschrieben und verherrlicht die Liebe und die Frauen dieses Landes. Gewisse Gedanken darin gleichen den modernsten Ideen der heutigen Frauenbewegung und dürften diesem Buche einen Platz in der Geschichte dieser Bestrebungen einräumen.

Während des Pariser Aufenthalts, wiederum eng mit seinen eigenen Erlebnissen verknüpft, entstand das »*Leben Rossinis*« das 1824 erschien. Es war die erste Biographie des Maestro, die viel zur Vermehrung von Rossinis jungem Ruhme in Italien, Frankreich und Deutschland, – eine deutsche Bearbeitung erschien bereits im selben Jahre – beitrug. Beyle schrieb sie, angeregt durch eine Freundin, die berühmte Sängerin Giuditta Pasta.

Gleichfalls in Paris verfaßte Stendhal eine vielgenannte Streitschrift »Racine und Shakespeare«, die in zwei Teilen 1823 und 1825 erschien.

Stendhals drittes und letztes touristisches Buch, das 1838 erschien, trägt den Titel »Tagebuch eines Reisenden.« Er schildert darin Süd-Frankreich in der Rolle eines Reisenden in Eisen, eines unverkennbaren Ahnen des Friedrich Thomas Graindorge[4] .

Was schließlich Stendhals nachgelassenes Buch über *Napoleon Bonaparte* anbelangt, so ist über das Verhältnis Beyles zu seinem Kaiser viel Unrichtiges geschrieben worden. Stendhal gilt als ein Feind des Heroenkults. Er war tatsächlich ein eingefleischter Gegner alles dessen, was die allgemeine Menge verherrlicht, und seine Bücher sind auch nicht frei von bitteren und feindseligen Stellen gegen den großen Korsen, aus denen die meisten Biographen Stendhals eine feindschaftliche Abneigung gegen Napoleon konstruiert haben. Solange Napoleons Stern strahlte, unterdrückte Stendhal seine Bewunderung für Napoleon, erst nach 1814, als die mehr oder weniger aufrichtige Vergötterung des Helden von Marengo, Jena und Wagram in Haß und in oft undankbare Verleum-

---

[4] Vie et opinions de M. Frédéric-Thomas Graindorge von Hippolyte Taine

dung umschlug, leugnete Stendhal seine heimliche Schwärmerei für den nunmehr so unglücklichen Kaiser weder vor sich selbst noch vor anderen. Die seltsame Widmung seiner Geschichte der Malerei, Stellen aus seinen Briefen und noch mehr sein Napoleonbuch und der Enthusiasmus des Julian Sorel und des Fabrizzio in »Rot und Schwarz« und in der »Kartause von Parma« legen dafür ein beredtes Zeugnis ab. Stendhal sagt in einem selbstverfaßten Nekrolog von sich selbst: »Er hatte nur vor einem einzigen Manne Respekt, vor Napoleon.«

Diese kurze Betrachtung der essayistischen Bücher Stendhals kann nicht ohne ein Wort über Stendhals Stil beschlossen werden.

Der Stil Stendhals entspringt seinem innersten Charakter. Wie er als Mensch sich nie vor anderen offenbart hat, so vermeidet er auch als Stilist, gleichsam aus der strengsten Selbstbeherrschung herauszugehen. Sein Stil ist ruhig und glatt wie der Spiegel eines einsamen tiefen Sees. In seinen Reiseschilderungen ist er bestrebt, den vornehmen Plauderton eines Weltmannes zu treffen, in seinen Abhandlungen verwendet er die kühle Sprache eines Diplomaten. Sein stilistisches Ideal ist, klar und knapp zu sein. Er verlangt von einem guten Stil, daß er nicht durch sich auffalle, daß er Ideen, keine Phrasen habe. Pathos und Emphase haßt und verachtet er. Und selbst seine Romane wollte er in der Sprache des Bürgerlichen Gesetzbuches schreiben. Er, einer der größten Enthusiasten, hat somit den nüchternsten Stil.

Uns scheint es, als habe er darin keinen schlechten Geschmack gezeigt. Vielleicht würde er heute nicht von neuem gelesen, wenn er in der oft schwülstigen Weise seiner einst so berühmten Zeitgenossen, im Stile eines Chateaubriands, eines Ségur, einer George Sand geschrieben hätte.

Stendhal hat nie auf den Beifall der großen Menge gerechnet. Sein Traum war es, zu allen Zeiten in Europa hundert Leser zu haben, die ihn liebten und die er wieder liebe. Er hat diese winzige Schar bei Lebzeiten und ein Menschenalter lang nach seinem Tode (1842) kaum gehabt. Dann aber gingen seine Wünsche und Prophezeiungen in Erfüllung und heute hat er seine geliebten hundert Leser, Freunde, die ihm mitten im Ozean der uferlosen zeitgenössischen Literatur eine stille Insel geweiht haben.

Auerbach im Vogtlande, im Juli 1904.

Artur Schurig.

Aus Stendhals Geschichte der Malerei in Italien.

(1817)

Seiner Majestät
Napoleon dem Großen,
Kaiser der Franzosen,
zurückgehalten auf der Insel Sankt-Helena.

Sire,

Ich kann die *Geschichte der Malerei*, die in französischer Sprache geschrieben ist, schicklicher niemandem widmen, als dem großen Manne, der dem Vaterlande jene schöne Galerie geschenkt hat, die nur hat bestehen können, solange sie seine mächtige Hand zusammen hielt.[5] Alles zu vereinen, war vielleicht nicht nötig, es aber so wieder zu verlieren, war der Gipfel der Erniedrigung. Und da man – nach meiner Theorie – mit erniedrigten Herzen wohl Gelehrte, niemals aber Künstler großziehen kann, so muß man glauben, daß Frankreich mit dem größten Manne, den es je hervorgebracht, seine sich entwickelnde Schule verloren hat.

In der größten Glückszeit für das Vaterland und für Sie, Sire, würde ich Ihnen diese Widmung niemals dargebracht haben: Ihr Ruhm verbesserte alles, aber Ihr Erziehungssystem fand ich abscheulich. Auch haben Sie am Tage der Gefahr nur schwächliche Seelen unter Ihren Günstlingen gefunden und Männer wie Carnot, Thibaudeau, Flaugergue gehörten zu denen, die Sie nicht liebten.

Trotz dieses Fehlers, der Ihnen schädlicher als dem Vaterlande gewesen ist, wird die gerechte Nachwelt die Schlacht bei Waterloo beweinen, weil damit ein Zeitalter liberaler Ideen zu Ende ging. Sie wird einsehen, daß Schöpfungen Kraft erfordern, daß es ohne

---

[5] Napoleon hatte die Meisterwerke der italienischen Malerei in Paris vereint, die später von den Verbündeten größtenteils an die Orte ihrer Herkunft zurückgegeben wurden.

Romulus keinen Numa geben kann. Vierzehn Jahre lang haben Sie die Parteien ausgelöscht, Sie haben den Royalisten wie den Jakobiner gezwungen, Franzosen zu sein, und diesen Namen, Sire, haben Sie so emporgehoben, daß sich die Parteien angesichts Ihrer Siegeszeichen früher oder später in die Anne fallen mußten. Diese Wohltat, die höchste, die eine Nation empfangen kann, sichert Frankreich eine unfehlbare Freiheit.

Sire, möge Ihnen der Himmel recht lange Tage gewähren, damit Sie Frankreich durch die Verfassung glücklich sehen, die Ihr letztes Vermächtnis ist. Dann, Sire, wird Frankreich Ihnen die einzige schwache Tat, die es an Ihnen tadeln könnte, verzeihen: nach Waterloo nicht die Diktatur an sich gerissen und am Heil des Vaterlandes verzweifelt zu haben.

Einst wird die unparteiische Nachwelt nur im Zweifel sein, ob sie Ihren Namen neben oder über den Alexanders stellen soll, und Ihre armseligen Feinde werden nur darum nicht vergessen sein, weil sie das Glück hatten, Ihre Feinde gewesen zu sein.

Einleitung zur Geschichte der Malerei in Italien.

Um das Jahr 900 hatten die italienischen Städte versucht, wieder Handelsbeziehungen mit Alexandrien und Konstantinopel anzuknüpfen, wobei ihnen die meeresnachbarliche Lage ihres Landes zu statten kam. Kaum hatte sich aber bei den Italienern der Begriff persönlichen Eigentums einigermaßen entwickelt, so zeigte sich an ihnen die gleiche begeisterte Freiheitsliebe wie einst an den alten Römern. Diese Leidenschaft wuchs mit dem Wohlstand und bekanntlich lag während des zwölften und dreizehnten Jahrhunderts der ganze europäische Handel in den Händen der lombardischen Kaufherrn. Während sie sich im Auslande Reichtümer erwarben, bildete sich in ihrer Heimat eine Unzahl von Republiken.

Das Papsttum hat die italienische Intelligenz zur Entfaltung gebracht und zugleich den Samen des republikanischen Geistes ausgestreut. Die Handelsherren der italienischen Städte begriffen frühzeitig, daß es zwecklos ist, Schätze anzuhäufen solange man einen Herrn hat, der sie einem jederzeit wieder entreißen kann.

Im Mittelalter ging wie in unseren Tagen Gewalt immer vor Recht; nur suchen die Gewalthaber von heute alle ihre Handlungen mit dem Scheine der Gerechtigkeit zu umkleiden. Vor tausend Jahren bestand der Begriff Gerechtigkeit bestenfalls im Schädel irgend eines mächtigen Feudalherrn, der, während der langen Winterabende an seine Burg gefesselt, bisweilen aufs Philosophieren verfiel. Der gemeine Haufe, im Zustande der Barbarei festgehalten, sorgte sich tagaus tagein um nichts weiter, als um die zum Hinfristen des Lebens nötigsten Mittel.

Die Päpste, deren Macht lediglich in der Kraft gewisser Ideen beruhte, hatten also mitten unter diesen unterdrückten Wilden die schwierigste Rolle von der Welt zu spielen. Es galt, entweder geschickt aufzutreten oder unterzugehen; aber hier wie anderwärts wurde aus dem Drange der Not auch ihr Überwinder geboren. Und gerade darum wurden mehrere Päpste des Mittelalters außerordentliche Menschen.

Man wird nicht mißverstehen, daß ich hier nicht die Religion, noch viel weniger die Moral im Auge habe. Jene Männer haben es einfach verstanden, ohne Gewaltmittel wilde Tiere zu beherrschen, die nur der rohen Gewalt sich zu beugen gewohnt waren. Das ist ihre Größe.

Um zu Macht und Reichtum zu gelangen, brauchten sie nur der Lehre festen Glauben zu verschaffen, daß es eine Hölle gäbe, daß gewisse Sünden die Menschen dahin überlieferten und daß die Kirche Mittel besäße, diese Sünden abzulösen. Alle übrigen Lehren der Religion mußten diesen wenigen Grundsätzen als Stütze dienen.

Heutzutage lächeln wir über jene Mönche, die in den Schenken umherliefen, um mit ihren Ablässen zu handeln; aber da denken wir minder folgerichtig, als jene, die sie kauften. Der Ablaß für einen Mord kostete zwanzig Taler. Wollte nun der Herr einer Stadt sich zwanzig widerspenstiger Bürger entledigen, so mußte er vierhundert Taler ausgeben. Seinen Ablaß in der Tasche, ließ er sie dann ohne die geringste Furcht vor Höllenstrafen ruhig köpfen. Warum sollte er sie auch haben? Besaß nicht jener Mann, der ihm den Ablaß verkauft hatte, das Recht, auf Erden zu binden und zu lösen?[6] Der Priester, der die Absolution erteilte, mochte dabei immerhin Unrecht tun; für den Empfänger mußte sie jedenfalls giltig sein oder der ganze Katholizismus brach in sich selbst zusammen.

Gerade der feste Glaube an das Sakrament der Buße und den Ablaß hat jene blutigen und energischen Sitten der italienischen Republiken groß gezogen. Doch konnte man auch für liebenswürdigere Sünden Ablaß erhalten, und das gewährt uns den ersten Fernblick auf die Renaissance der schönen Künste.

In jedem Jahre sah Italien eine seiner Städte unter das Joch eines Tyrannen geraten oder einen solchen aus ihren Mauern verjagt werden. Diesen Zustand werdender Republik oder auf unsicheren Füßen stehender Gewaltherrschaft, der mit den Reichen buhlte, haben alle italienischen Städte in den zwei bis dreihundert Jahren vor dem Aufblühen der Künste durchgemacht. Er bietet ein eigenartiges kulturelles Gesamtbild. Die Leidenschaften der Reichen, hier durch Nichtstun, Üppigkeit und südliches Klima noch angestachelt, können immer nur durch die öffentliche Meinung oder durch die Religion gebändigt werden. Von diesen beiden Schranken bestand nun die erste überhaupt noch nicht und die zweite wird durch käufliche Ablässe und bestechliche Beichtväter hinfällig gemacht. Vergeblich würde man in unserer kalten berechnenden Zeit nach einem Ebenbild der Stürme suchen, die in den Herzen der damaligen Italiener tobten. Heute ist der brüllende Löwe aus seinen Wäldern entführt und zum gemeinen Haustier erniedrigt. Um ihn noch in seiner wilden Größe zu sehen, muß man sich in Calabriens Einöden wagen.

Die Phantasie der südlichen Völker läßt sie sich die Höllenqualen besonders lebhaft vorstellen; gegenüber Dingen und Persönlichkeiten, die sie als geheiligt ansehen, kennt ihre Freigebigkeit keine Grenzen. Darin liegt ein dritter Grund für das überraschende Emporblühen der Künste. Ein solcher Aufschwung war nur in Italien, bei einem Volke voller Leidenschaft und von höchster Frömmigkeit möglich. Eine Verkettung einzig dastehender Umstände ließ dieses Volk erwachsen und ihm die Fähigkeit zuteil werden, vor einem

---

[6] »... und wie wohl ich mehrere Menschen getötet, ward es mir durch den Priester Gottes in gesetzlicher Autorität verziehen« sagt Benvenuto Cellini in seiner Vita, I, 417. (Stendhal.)

Stück mit ein paar Farben bedeckter Leinwand den höchsten Genuß zu empfinden.

»Vaterland,« – sagt Plato, – »ist für die Kreter ein Wort, über alles teuer.« Dasselbe gilt jenseits der Alpen von dem Wort Schönheit. Nach drei Jahrhunderten voll von schrecklichstem Unheil der Art, die den Menschen erniedrigt, kann man doch nirgends so begeistert wie in Italien ausrufen hören: *O Dio, com' è bello!*

Die Leuchten antiker Geistesbildung waren in Europa völlig erloschen. Erst die Mönche, die durch die Kreuzzüge nach dem Orient kamen, schöpften wieder einige Anregungen bei den Griechen von Konstantinopel und den Arabern, hochgebildeten Völkern, deren Wissenschaft vielmehr nach geschmackvoller seiner Darstellung als nach der Wahrheit ihrer Beobachtungen strebte.

Auf diesem Untergrunde hat sich die Scholastik entwickelt, auf die man heute gern herabsieht. Und doch ist diese Theologie durchaus nicht törichter als irgend eine andere. Sie erfordert vielmehr, um sie so zu begreifen, wie sie die Mönche des dreizehnten Jahrhunderts aufgefaßt haben, eine geistige Kraft und einen Grad von Aufmerksamkeit, von Scharfsinn und Gedächtnis, wie man ihn nicht häufig gerade unter den Philosophen findet, die sie bespötteln, weil es eben Mode ist, darüber zu spotten. Sie täten wahrlich besser, uns verständlich zu machen, wodurch diese Bildung des ausgehenden Mittelalters bei ihrem ärmlich inneren Gehalt ihre Schüler zu so kraftvoller, geistiger Sammlung gezwungen und die staunenswerteste Tatsache der Weltgeschichte hervorgebracht hat: jenes plötzliche Auftauchen einer Schar bedeutender Menschen, die die Welt des Cinquecento beherrscht haben.

Gerade in Italien tritt uns diese wunderbare Erscheinung besonders glänzend vor Augen. Wer einmal den Mut finden wird, die Geschichte der zahlreichen Republiken zu durchforschen, die in diesem Lande der Freiheit zustrebten, beim Morgengrauen der neuerstehenden Kultur, wird die genialen Menschen tief bewundern, die ja ohne Zweifel irrten, aber irrten in dem edelsten Streben, dem sich der menschliche Geist hingeben kann. Später ist ja jene von ihnen angestrebte glückliche Staatsform wirklich gefunden worden; aber ich wage kühn zu behaupten, daß die Männer Englands, die der königlichen Vollgewalt die Verfassung entrissen haben, an Geist, Willen und wahrer ursprünglicher Kraft weit hinter den dreißig oder vierzig Gewaltherrschern zurückstehen, die Dante in seine Hölle versetzt hat und die um 1300 seine Zeitgenossen waren.

Das gleiche Mißverhältnis besteht ja allerwegen zwischen dem inneren Werte des Schöpfers und seinem Werk; jeder wird mir zugeben, daß die bedeutendsten Maler des dreizehnten Jahrhunderts nichts geschaffen haben, das sich auch nur den bescheidenen Buntdrucken vergleichen ließe, die man auf unseren Dorfjahrmärkten ausgehängt findet und die der Bauer zu seiner häuslichen Erbauung kauft. Der Aufsatz des geringsten Primaners von heute überragt in vielen Beziehungen alles, was wir noch vom Abt Suger[7] oder dem weisen Abälard besitzen. Dürfen wir aber daraus etwa schließen, daß der Schuljunge des neunzehnten Jahrhunderts die hervorragendsten Männer des zwölften geistig überrage? Und doch hat die Renaissancezeit, von der uns die Geschichte so seltsame Dinge berichtet, schließlich an bleibenden Denkmälern für aller Augen nichts hinterlassen, als die Gemälde Raffaels und die Verse Ariosts. In der Regierungskunst dagegen, die vor allem am meisten auf den Pöbel Eindruck macht, weil er nur bewundert was er fürchten muß, – in der Kunst eine Großmacht aufzurichten und zu leiten, hat das Cinquecento nichts geschaffen, nur darum, weil jeder der außerordentlichen Menschen dieser ruhmvollen Zeit sich durch andere nicht minder gewaltige in Schranken gehalten sah.

Man betrachte einmal die von Napoleon Bonaparte bewirkten Umwälzungen in Europa. Bei aller Gerechtigkeit, die man der Größe seines Genies widerfahren läßt, darf man doch nicht übersehen, was für Nullen die Herrscher gegen das Ende des achtzehnten Jahrhunderts waren. Wir haben selbst mit angesehen, wie das verblüffte Staunen der Massen und die Bewunderung feuriger Herzen den Kaiser der Franzosen auf seine stolze Höhe gehoben haben. Setzen wir aber einmal in Gedanken auf die Throne Deutschlands, Italiens und Spaniens einen Karl den Fünften, Julius den Zweiten, Cesare Borgia, Sforza, Alexander den Sechsten, Lorenzo oder Cosimo von Medici; geben wir ihnen als Minister einen Moron, Ximenes,

---

[7] Suger von St. Denis, 1081–1151, berühmter Staatsmann und Minister Ludwigs VI. und VII. von Frankreich, auch als Geschichtsschreiber hervorragend.

Gonsalvo von Cordova, Prospero Colonna, Acciajuoli, Piccinino oder Capponi. Wäre es dann den Adlern Napoleons wohl ebenso leicht gewesen, um die Türme von Moskau, Madrid, Neapel, Wien und Berlin zu flattern? Die Fürsten von heutzutage rühmen sich gern ihrer Tugenden und sehen mit stolzer Verachtung auf die kleinen Tyrannen des Mittelalters herab. Ich möchte ihnen am liebsten zurufen: »Die Tugenden, auf die ihr euch so viel einbildet, sind doch nur die des Bürgers; als Fürsten taugt ihr nichts. Die italienischen Tyrannen hingegen führten zwar persönlich ein lasterhaftes Leben, aber als Staatslenker waren sie gewaltig. Männer solchen Schlages liefern zwar der Geschichtsschreibung allerlei anstößiges Beiwerk, aber sie ersparen es ihr dafür, das Hinschlachten von Millionen zu berichten. Warum konnte denn nicht schon der unglückliche Ludwig der Sechszehnte sein Volk mit der Verfassung von 1814 erfreuen? Ja, ich behaupte sogar, daß auch ihr zu euren vielgerühmten und doch so ärmlichen Tugenden einfach genötigt seid. Die Laster, denen ein Alexander der Sechste frönte, würden euch binnen vierundzwanzig Stunden von euren Thronen wegfegen. Verschließt euch doch nicht der Erkenntnis, daß jeder Sterbliche gegenüber den Versuchungen unbeschränkter Herrschergewalt schwach ist; befreundet euch aufrichtig mit euren Verfassungen und laßt ab, Unglückliche auch noch zu beschimpfen.«

Keiner der Tyrannen, für die ich spreche, gab zwar seinem Volke eine sogenannte Verfassung, aber wenn man von diesem Mangel[8] absieht, wird man unwillkürlich geblendet von dem Glanz der von den starken, vielseitig begabten Persönlichkeiten der Sforza von Mailand, Bentivoglio von Bologna, Pico della Mirandola, Cane von Verona, Polentini von Ravenna, Manfredi von Faenza und Riario von Imola ausstrahlt. Sie verdienen vielleicht in noch höherem Maße unsere Bewunderung, als ein Alexander oder ein Tschingis-Chan, denn diese verfügten zur Eroberung ihrer weiten Reiche auch über ungeheure Hilfsmittel. Nur ein Zug findet sich nie bei diesen Italienern, das ist jene Hochherzigkeit, die Alexander den Großen den von seinem Arzte Philipp dargereichten Becher leeren ließ. Ein anderer Alexander, zwar nicht eben gleich hochherzig, aber sonst kaum minderbedeutend, mußte sogar herzlich lachen, als sein Sohn

---

[8] Temporum culpa, non hominum. (Stendhal.)

Cesare bei ihm für Pagolo Vitelli bat. Das war ein mit dem jungen Borgia verfeindeter Edelmann; Cesare hatte ihn zusammen mit dem Herzog von Gravina unter den heiligsten Zusicherungen zu einer Besprechung in der Nähe von Sinigaglia gelockt und ließ hier beide auf ein verabredetes Zeichen zu seinen Füßen durch Dolchstiche niedermachen. Da flehte Vitello noch in den letzten Zügen Cesare an, ihm vom Papste, seinem Vater und Mitverschworenen, einen Ablaß in *articulo mortis* zu erwirken.

Cesare Borgia, der ausgesprochenste Vertreter seiner Zeit, hat einen seines Geistes würdigen Biographen gefunden. Lionardo da Vinci, der eine Zeitlang oberster Ingenieur seines Heeres war, hat, der Torheit des großen Haufens zum Hohn, sein Charakterbild getreu entworfen.

Geist, Aberglauben, Gottlosigkeit, Mummenschanz, Gift, Meuchelmord, ein paar bedeutende Männer, eine Unzahl geschickter und dabei unglücklicher Bösewichte, überall lodernde Leidenschaften und stolze Wildheit: so sah das Quattrocento aus.

Derart waren die Männer, deren Andenken die Geschichte wach erhält; derart unzweifelhaft auch alle einfachen Bürger, die sich von den Fürsten eben nur dadurch unterschieden, daß ihnen das Glück weniger günstige Gelegenheiten darbot .... Gerade in diesem Zeitalter der Leidenschaften, wo die Menschen ihr Herz dem Rausch höchster Erregung frei überlassen durften, erwuchsen nun plötzlich so zahlreiche große Maler. Man darf nicht übersehen, daß ein einziger Mensch ihrer aller Bekanntschaft machen konnte, wenn er im selben Jahre wie Tizian geboren war, also 1477. Vierzig Jahre seines Lebens hätte er im Verkehr mit Lionardo da Vinci und Raffael stehen können, die bis 1519 und 1520 lebten, lange Jahre mit dem göttlichen Correggio leben, der erst 1534 starb, und mit Michelangelo, der seine Laufbahn bis 1564 ausdehnte.

Ein solcher, bei einiger Neigung zur Kunst vom Glück so begnadeter Mensch hätte beim Tode Giorgiones im Alter von vierunddreißig Jahren gestanden. Er hätte Tintoretto, Jacobo Bassano, Paolo Veronese, Garofalo, Giulio Romano gekannt, ebenso Fra Bartolommeo, der 1517 starb und den liebenswürdigen Andrea del Salto, der bis 1531 gelebt hat: kurz alle großen Maler, ausgenommen die der Schule von Bologna, die erst ein Jahrhundert später kamen.

Warum zeigt nun die Natur nach ihrer enormen Zeugungskraft in der kurzen Zeitspanne der zweiundvierzig Jahre von 1452 bis 1494, wo alle diese großen Männer geboren wurden, späterhin ein so erschreckendes Unvermögen? Das wird offenbar meinen Lesern ebenso wie mir ewig ein Geheimnis bleiben. Guichardin berichtet uns, daß seit jenen glückseligen Tagen, da Kaiser Augustus hundertundzwanzig Millionen Untertanen beglückte, Italien sich nie wieder gleichen Wohlbefindens, Reichtums und Ruhe erfreut habe wie um 1490. Tiefer Frieden herrschte allerorten in diesem schönen Lande. Weit weniger als in unseren Tagen griff die Tätigkeit der Behörden in das Leben des Bürgers ein. Ackerbau und Handel verbreiteten überall eine natürliche lebhafte Tätigkeit, wie sie bei weitem jener anderen vorzuziehen ist, die nur durch das Belieben einzelner Menschen hervorgerufen wird. Die gebirgigsten und an sich darum unfruchtbarsten Landesteile waren ebenso sorgsam bebaut, wie die grünen Ebenen der üppigen Lombardei. Wenn der Reisende von den Alpen Piemonts herabstieg, so konnte er, mochte sein Weg nach den Lagunen Venedigs oder nach dem stolzen Rom führen, keine dreißig Meilen zurückzulegen, ohne zwei bis drei Städte von 50000 Seelen anzutreffen. Und mitten in all diesem Wohlbehagen hatte das glückliche Italien lediglich seinen angestammten Fürsten zu gehorchen, die in seinem Schoß geboren waren und lebten. Sie teilten die Kunstbegeisterung aller anderen Kinder ihrer Heimat, waren voll Geistes und natürlicher Frische, und im Gegensatz zu unseren modernen Fürsten leuchtete bei ihnen stets der Mensch durch die Handlungen des Fürsten hindurch.

Plötzlich ruft da ein böser Geist, der Thronräuber Ludovico Sforza, Herzog von Mailand, Karl den Achten von Frankreich ins Land. Innerhalb weniger als elf Monate zieht dieser junge Fürst als Sieger in Neapel ein, bis er bei Fornuovo gezwungen ist, sich mit dem Schwert Luft zum rettenden Rückzug nach Frankreich zu machen.

Das gleiche Geschick ereilt seine Nachfolger, Ludwig den Zwölften und Franz den Ersten. Kurz, von 1494 bis 1544 war das unglückliche Italien der Kampfplatz, auf dem Frankreich, Spanien und die Deutschen sich um die Weltherrschaft schlugen. In den Geschichtswerken kann man die endlose Reihe von blutigen Schlachten, Siegen und Mißerfolgen nachlesen, die die Wagschalen des

Glücks für Karl den Fünften und Franz den Ersten bald steigen bald fallen ließen. Die Namen Fornuovo, Pauia, Marignano, Agnadello sind der Vergessenheit noch nicht ganz anheim gefallen und bei ihnen erinnern wir uns gelegentlich auch wieder des Bayard, des Konnetabels von Bourbon, des Pesiara, des Gaston von Foix und aller jener alten Helden, die in diesem langen Kampfe ihr Blut vergossen und auf den Ebenen Italiens den Tod fanden. Unsere großen Maler waren ihre Zeitgenossen. Das Bildnis Karls des Achten hat Lionardo da Vinci, das Bayards Tizian gemalt. Der stolze Karl der Fünfte hob diesem Künstler den Pinsel auf, der ihm beim Malen entfallen war, und machte ihn zum Reichsgrafen. Michelangelo wurde durch eine Revolution aus seiner Heimat vertrieben und verteidigte sie wieder als Ingenieur in der denkwürdigen Belagerung, die der ersterbende Freistaat gegen die Medici aushielt. Lionardo da Vinci begab sich, als der Sturz Ludovicos auch ihn aus Mailand vertrieben hatte, an den Hof Franz des Ersten, um dort in Ruhe zu sterben. Giulio Romano entfloh aus Rom nach der Plünderung von 1527 und baute Mantua wieder auf. So wurde die Glanzzeit der Malerei durch ein Jahrhundert voller Frieden, Reichtum und Leidenschaften vorbereitet; aber sie blühte mitten unter Schlachten und Staatsumwälzungen.

Nach diesem großen, an Ruhm und Unglück reichen Jahrhundert hätte nun Italien, wenn auch geschwächt doch wohl seine stolze Laufbahn weiter verfolgen können. Aber, während die großen Mächte Europas ihre Kämpfe auf anderem Boden weiterfochten, lag es in den Banden der jämmerlichsten Monarchie, deren Eigentümlichkeit es war, alles zu erniedrigen.

Cimabue

Cimabue wurde in Florenz um 1240 geboren. Wahrscheinlich waren seine Lehrer byzantinische Maler. Sein Genie vermochte diese erste Anleitung zu überwinden und wagte es, bei der Natur in die Schule zu gehen. Bereits eins seiner Erstlingswerke, die *heilige Cäcilia* in der Kirche San Stefano zu Florenz, zeigt den Keim seiner Begabung, die sich später in den *Fresken* zu Assisi glänzend betätigen sollte.

Das große Ereignis seines Lebens war die *Madonna mit den Engeln*, die noch heute in der Kapelle Rucellaì der San Maria Novella zu sehen ist. Das Volk war von diesen Kolossalgestalten, den ersten die es sah, so überwältigt, daß man das Bild aus der Werkstätte des Malers mit Trompetenschall und wehenden Bannern, unter Freudengeschrei und ungeheurem Andrang in die Kirche trug.

Man kann diesen ältesten Maler kaum mehr loben, als wenn man auf die Mängel hinweist, die er nicht hat. Seine Zeichnung zeigt weniger Anhäufungen von geraden Linien, als die seiner Vorgänger; die Gewänder werfen Falten, man erkennt eine gewisse Geschicklichkeit in seiner Art, die Figuren anzuordnen, und bisweilen einen erstaunlichen Ausdruck. Aber man muß gestehen, daß ihn sein Talent nicht zum Anmutigen befähigte. Seinen Madonnen mangelt es an Schönheit und seine Engel tragen in ein und demselben Bilde fast alle die gleichen Züge. Streng wie das Jahrhundert, in dem er lebte, gelangen ihm am besten die Charakterköpfe, besonders die Köpfe von Greisen. Er verstand die Willenskraft und die Fülle hoher Gedanken in ihren Zügen zu kennzeichnen. In dieser Hinsicht haben ihn die Modernen nicht um so viel übertroffen, wie man zunächst meinen sollte. Mit einer kühnen und fruchtbaren Phantasie wagte er sich als erster an Stoffe heran, die eine große Anzahl von Figuren erfordern, und zeichnete diese Figuren in riesenhaften Verhältnissen.

Die beiden großen *Madonnen*, die sich die Neugierigen in Florenz anzusehen pflegen, die eine bei den Domenikanern, die andere in der Akademie, mit ihren Prophetengestalten, die einem wirklich wie Diener des Allerhöchsten erscheinen, geben von seinem Genie keinen so vollständigen Begriff, wie die *Fresken* in der Kirche zu Assisi.

Da erscheint er für sein Jahrhundert bewunderungswürdig. Die Gestalten des Jesus und der Maria oben im Gewölbefeld haben allerdings noch etwas von der byzantinischen Manier, aber die Evangelisten und die Kirchenväter, die auf Stühlen sitzend den Franziskanermönchen die Mysterien des Glaubens auslegen, zeigen eine Originalität des Stils und eine Kunst in ihrer Harmonie, daß sie eine große Wirkung, wie sie bis dahin niemand erreicht hatte, haben. Die Farbe ist kräftig, die Proportionen sind wegen der großen Ferne, in die die Figuren gesetzt sind, riesenhaft und doch haben sie nirgends Fehler in den Verhältnissen aus Schwäche: mit einem Worte, die Malerei wagte zum ersten Male etwas zu versuchen, was bis dahin lediglich in das Gebiet der Mosaik gehört hatte. Cimabue starb kurz nach 1300. Er war Baumeister und Maler gewesen. Man zeigt sein Bildnis in der Cappella degli Spagnuoli des Klosters San Maria Novella.

Alles was man über seinen Charakter weiß, ist, daß er einen seltsamen Hochmut hatte. Wenn er an einem seiner Werke, mochte es noch so fortgeschritten sein, einen Fehler entdeckte, ließ er für immer von ihm ab. Die Geschichte seines Ruhmes liegt in jenen drei Versen Dantes:

> Credette Cimabue nella pittura
> Tener lo campo, ed ora ha Giotto il grido,
> Si, che la fama di colui oscura.

Giotto.

(1267–1337.)

Cimabue war in der Darstellung des Stolzen und Schrecklichen recht glücklich gewesen. Sein Schüler Giotto war durch seine Natur dazu bestimmt, ein Maler der Grazien zu werden. Wenn Cimabue der Michelangelo jener Zeit ist, so ist Giotto ihr Raffael. Geboren auf dem Lande, unweit von Florenz, war er ein einfacher Schäfer. Während er seine Herde hütete, beobachtete ihn Cimabue, wie er eins seiner Schafe mit einem scharfen Stein auf ein Stück Schiefer zeichnete. Entzückt von dieser Zeichnung, erbat er sich ihn auf der Stelle von seinem Vater und nahm ihn mit nach Florenz. Er konnte sich damit schmeicheln, der Malerei einen echten Künstler geschenkt zu haben.

Zunächst ahmte der Hirt seinem Meister nach, den er sehr bald übertreffen sollte. Die Klosterväter besitzen eine *Verkündigung*, eins seiner frühesten Werke. Sein Genie schimmert darin bereits durch; der Stil ist noch trocken, aber man findet eine ganz neuartige Anmut.

Er war auch Bildhauer. Man weiß, welche Vorteile jede dieser beiden starkverwandten Künste der anderen bringt und wie sehr der Stil dessen gewinnt, der sie beide beherrscht. Es gab in Florenz antike Marmorwerke. Sie sind durch den Streit, den Niccolò und Giovanni Pisano darüber geführt haben, bekannt, und es ist höchst unwahrscheinlich, daß Giotto, dem die Natur ein so reges Gefühl für das Schöne gegeben hatte, sie übersehen konnte. Wenn man in seinen Bildern gewisse Männerköpfe in der Kraft des Alters, gewisse kräftige gedrungene Formen, die so verschieden von den kränklichen und übermäßig langen Gestalten der zeitgenössischen Maler sind, gewisse Haltungen, die nach dem Vorbild der Antike vornehme Ruhe und hoheitsvolle Zurückhaltung zeigen, sieht, kann man kaum anders als glauben, daß er die Antike gekannt hat. Woher hätte er seine seltene, natürliche, majestätische Manier im Faltenwurf? Sogar seine Fehler verraten die Quelle seines Könnens. Die Bologneser Schule hat von seinen Figuren gesagt, sie seien kopierte Statuen. Dieser Vorwurf, der auch der Mittelmäßigkeit einer ganzen großen modernen Richtung anhaftet, war damals das schmeichelhafteste Lob.

Die ersten Fresken, die er in Assisi neben denen seines Meisters malte, lassen erkennen, wie weit er ihn schon übertraf. Im Fortschritte dieses Werkes, daß das Leben des heiligen Franziskus darstellt, schreitet auch seine Kunst vorwärts. An den letzten Szenen dieses merkwürdigen Lebens beobachtet der Betrachter mit Vergnügen eine mannigfaltigere Zeichnung in den Gesichtszügen, sorgfältiger ausgeführte Hände und Füße, eine größere Lebendigkeit des Ausdrucks, sinnreichere Bewegungen der Gestalten, natürlichere Landschaften. Was an diesem Bilderzyklus besonders auffällt, das ist die Kunst der Komposition. In ihr machte Giotto täglich Fortschritte und ihn trotz seines frühen Jahrhunderts hierin zu übertreffen, scheint fast unmöglich. Ich bewundere ferner seine Kühnheit in der Behandlung der Nebendinge. Er zögerte nicht, in seinen Fresken die großen Architekturwerke anzubringen, die seine Zeitgenossen allerorts aufbauten, und dabei jene glänzenden blauen, roten und gelben Farben oder jenes leuchtende Weiß anzuwenden, die damals Mode waren. Er hatte das Gefühl für die Farbe.

Die Fresken in Assisi fesseln sowohl die Augen des Kenners wie die des Laien. Auf einer von ihnen befindet sich jener vom Durst verzehrte Mann, der an eine Quelle stürzt, die er sich zu Füßen entdeckt hat. Raffael, der Meister hierin, hätte dem Ausdrucke dieser Gestalt nichts hinzuzufügen gewußt. In der Unterkirche finden sich Anfänge einer allegorischen Malerei, an einem heiligen Franziskus, der sich vom Laster weg der Tugend zuwendet.

Die Gelehrten erkennen in jenen Fresken den Stil der Reliefs des Niccolò Pisano. Es ist ganz natürlich, daß Giotto sie studiert hat; und die Malerei, damals noch in den Kinderschuhen und noch nicht reif für die Perspektive und das Helldunkel, verlor gar nichts, wenn sie den Spuren ihrer Schwester nachging.

Um diesem seltenen Manne gerecht zu werden, muß man seine Vorgänger betrachten. Es gibt heute keinen Maler, der sich nicht unendlich erhaben über den armen Giotto fühlte. Und doch könnte dieser sehr wohl sagen:

»Wär' ich nicht, der ich so gering, *ihr* wäret nichts«.[9]

Wenn sich heute ein Pariser Bürger einen Fiaker nimmt und ins Theater fährt, so ist er gewiß viel großartiger als der größte Grandseigneur am Hofe Franz des Ersten, der bei Regen und Wintersturm zu Pferd, seine Frau hinten auf der Kruppe, durch die ungepflasterten Straßen, auf denen der Schmutz fußhoch lag und die keine Laternen hatten, zu Hofe kam. Darf man aber daraus folgern, daß der Konnetabel von Montmorency oder der Admiral Bonnivet weniger bedeutende Menschen im Staate waren, als jenes Schneiderlein aus der Rue Saint-Denis?

Von seinen Zeitgenossen wurde Giotto grenzenlos bewundert, sein Name erklang in ganz Italien. Seine Bilder stellen Vorgänge aus den Evangelien dar, die er ohne Bedenken fast in der gleichen Weise an verschiedenen Orten wiederholte. Eine gewisse Symmetrie, ein Genuß für den kennerischen Liebhaber, und vor allem eine weniger steife Zeichnung und ein wärmeres Kolorit heben ihn über seine unbeholfenen Vorgänger gefällig empor. Ihre verdorrten Hände, ihre geschlossenen Füße, ihre unglücklichen Gesichter, ihre starren Augen, alle diese Reste byzantinischer Barbarei verschwinden mehr und mehr.

Ich finde, seine Werke gefallen um so mehr, je geringer sie im Umfange sind. So sind zum Beispiel die kleinen Figuren in der Sakristei des Vatikans höchst anmutige Miniaturen. Was vor allem der Kunst vor ihm fehlte, war gerade die Anmut. So barbarisch die Menschen sein mögen, das Schreckliche verstehen sie immer, weil sie wissen, was Leiden ist, aber um sie für das rein Anmutige zu fesseln, dazu müssen sie das Glück zu lieben kennen.

Giotto verstand es, Einzelheiten der Natur, die ernster Szenen an sich nicht würdig sind, trefflich darzustellen und brachte sie in ihnen an. So ist gerade die Natur.

Man kann sagen, er habe das Porträt erfunden. Unter anderen verdankt man ihm Bilder von Dante, seinem Freunde. Verschiedene Maler hatten ihn ähnlich zu malen versucht, aber ihm gelang es zuerst.

---

[9] Bourfault.

Er war Baumeister. Der berühmte Campanile in Florenz ist nach seinen Plänen errichtet. Es ist in der Tat ein sehr bemerkenswerter Turm. Nicht ohne gotische Anklänge, macht er ohne weiteres den Eindruck des Reichtums und der Eleganz. Er steht getrennt vom Dom und im verkehrsreichsten Teile der Stadt, ein Glück, das viele bewunderungswerte Baudenkmäler nicht haben.

Giotto war sein ganzes Leben lang auf der Wanderschaft. Kaum war er von Assisi zurück, als ihn Bonifacius der Achte nach Rom kommen ließ, wo er wiederum Gelegenheit hatte, die Antike zu sehen.

Als Avignon die Residenz der Päpste war, rief ihn Clemens der Fünfte nach Frankreich. Ehe er dahin ging, hielt er sich in Padua auf. Als er nach achtjähriger Abwesenheit nach Italien zurückkehrte, schienen sich die Fürsten, zum mindesten die, die ihn zur Rückkehr angeregt hatten, um ihn zu streiten. Jede Stadt hatte irgend eine mächtige Familie, die ehrgeizig nach der höchsten Gewalt strebte. Diese Familien zogen aus der Empfänglichkeit des Volkes ihren Nutzen und, indem sie ihre Vaterstadt verschönerten, suchten sie sie zu beherrschen. Diese Politik war es, die Giottos Laufbahn so glänzend gestaltete. Die Polentini von Ravenna, die Malatesti von Rimini, die Este von Ferrara, die Castruccio von Lucca die Visconti von Mailand, die Scala von Verona boten alles auf, um ihn einige Zeit in ihrem Dienste zu haben.

Giotto war der Mann, auf den das vierzehnte Jahrhundert blickte, wie das sechzehnte auf Raffael und das siebzehnte auf die Caracci. Man hat gesagt, das Erhabene sei die Sprache einer großen Seele. Mit mehr Wahrheit kann man sagen: Die Schönheit in der Kunst ist der Ausdruck der Tugenden[10] einer Gesellschaft.

---

[10] Stendhal pflegt vertu im Sinne des lateinischen virtus zu verwenden.

Leben des Lionardo da Vinci.

Odi profanum ...

1. Lionardos Jugend

In der Morgenröte eines schönen Frühlingstages ritt ich von Florenz, den Arno hinab, nach dem köstlichen See von Fucechio. Ganz in der Nähe finden sich die Reste der kleinen Burg Vinci. In meinen Satteltaschen hatte ich die Stiche von Lionardo da Vincis Werken mit. Ich hatte sie gekauft, ohne sie mir anzusehen, und wollte den ersten Eindruck von ihnen im Schatten jener reizenden Hügel empfangen, inmitten deren dieser älteste der großen Maler im Jahre 1452 geboren wurde.

Lionardo war ein natürlicher Sohn Ser Pieros, eines Notars der florentinischen Republik, liebenswürdig wie eben ein Kind der freien Liebe. Seit seiner zartesten Jugend galt ihm die Bewunderung seiner Zeitgenossen. Sein erhabener und scharfer Geist, gierig nach neuen Dingen, voll Leidenschaft, sie zu versuchen, betätigte sich nicht nur in den drei darstellenden Künsten, sondern auch in der Mathematik, Mechanik, Dichtkunst und Ideologie, ganz abgesehen von den geselligen Künsten, in denen er hervorragend war, in der Fechtkunst, im Tanzen und Reiten; und diese verschiedenen Fähigkeiten besaß er in so hohem Grade, daß er einzig für die geboren zu sein schien, die er, um zu gefallen, gerade ausübte. Ser Piero, über dieses einzigartige Wesen verwundert, nahm ein paar seiner Zeichnungen und legte sie Andrea del Verrocchio, einem damals hochberühmten Maler und Bildhauer, vor. Andrea wollte nicht glauben, daß es die Zeichnungen eines Kindes seien; man brachte ihm Lionardo;[11] seine Anmut berückte ihn vollends und Lionardo wurde bald sein Lieblingsschüler. Kurz darauf, als Verrocchio für die Mönche von San Salvi die *Taufe Christi* malte, schuf Lionardo jenen reizvollen Engel auf diesem Gemälde.[12]

Zu keiner Zeit hat die Malerei allein Lionardo in Anspruch genommen. Man ersieht aus den glaubhaften Berichten seiner Biogra-

---

[11] Um 1468

[12] Jetzt in der Akademie zu Florenz

phen, daß er sich ebensoviel mit Chemie und Mechanik beschäftigte. Mit einer gewissen Scheu erzählen sie, daß Lionardo außergewöhnlichen Ideen nachging. Eines Tages versuchte er, durch eine Mischung übelriechender Stoffe abscheuliche Gerüche zu erfinden. Diese Gase, die sich plötzlich in der Wohnung, als viele Menschen versammelt waren, entwickelten, trieben alle Anwesenden in die Flucht. Ein anderes Mal hatte er verborgene Blasen angebracht, die durch unsichtbare Blasebälge aufgeblasen wurden und nach und nach den ganzen Raum des Zimmers erfüllten, so daß alle Besucher zu flüchten gezwungen wurden. Unter anderen erfand er einen Mechanismus, durch den sich mitten in der Nacht eine Bettstelle zum großen Schrecken des darin Schlafenden in die Höhe hob. Mit einer anderen Maschine konnte er Felsen durchbohren, mit wieder einer anderen große Lasten heben. Er hatte den Plan, das riesige Gebäude der Kirche von San Lorenzo in Florenz zu heben, um ihr eine großartigere Grundlage zu geben.

Man konnte sehen, wie Lionardo auf der Straße zuweilen plötzlich stehen blieb, um in ein kleines Skizzenbuch lächerliche Gestalten, denen er begegnete, abzuzeichnen. Wir haben noch solche reizende Karikaturen; es sind die besten, die es gibt. Er suchte nicht nur Modelle für das Schöne und das Häßliche, er strebte vielmehr danach, den flüchtigen Ausdruck der Seele und der Gedanken festzuhalten. Bizarre und verzerrte Dinge hatten ein besonderes Anrecht auf seine Beachtung. Vielleicht hatte er als erster das Gefühl für jenes etwas in der Kunst, dessen Wirkung nicht in der Sympathie, sondern mit in der Eigenliebe beruht. Lacht man nicht aus Genuß der Eigenliebe beim plötzlichen Anblick von etwas Vollkommenem, das man durch die Schwäche anderer an sich selbst erkennt? Er lud auch gern Landleute zu sich zum Essen ein, um sie bei vollem Halse durch die seltsamsten Vorträge und die lustigsten Erzählungen zum Lachen zu bringen. Manchmal sah man ihn wiederum Unglücklichen zur Richtstätte folgen.

Eine seltsame Schönheit und ein reizvolles Wesen haben seine eigenartigen Ideen bewunderungswert gemacht, und es scheint, daß diesem glücklichen Genie – ebenso wie Raffael – eine Ausnahme von jener so wahren Regel zuteil ward, die Lafontaine in die Verse gefaßt hat:

Blumige Pfade, sie führen nimmer zum Ruhme.

2. Abschnitte in Lionardos Leben.

Lionardo muß die Kunst gefunden haben, seine Arbeiten nützlich zu verwerten, denn sein Vater war nicht reich, während er sich als junger Maler, als er seine Laufbahn erst begann, in Florenz, dem London des Mittelalters, Diener und Pferde hielt und obendrein die feurigsten und schönsten der Stadt. Auf ihnen wagte er die kühnsten Sprünge, vor denen die beherztesten Sportsleute schauderten. Seine Körperkraft war so groß, daß er mühelos ein Hufeisen zerbrechen konnte.

Das Leben dieses großen Mannes läßt sich leicht in vier Abschnitte einteilen:

1. Seine Jugend, die er in Florenz im Hause seines Vaters verlebte, 2. sein Mailänder Aufenthalt am Hofe Ludovicos des Mohren, 3. die zwölf oder dreizehn Jahre, die er nach dem Sturze Ludovicos teils in Toskana, teils auf Reisen zubrachte, und endlich 4. sein Alter und sein Tod am Hofe Franz des Ersten.

Sein frühestes Werk soll ein für den König von Portugal entworfener, verloren gegangener Karton *Adam und Eva*, wie sie den verhängnisvollen Apfel pflücken, gewesen sein.

Sein Vater bat ihn einmal, einen Schild für einen Landmann in Vinci zu malen. Es sollte entweder das *Haupt der Meduse* oder irgend ein Ungeheuer darauf zu sehen sein. Ser Piero dachte gar nicht mehr an den Schild, als er eines Tages an die Türe Lionardos klopfte. Der bat ihn zu warten, rückte das Bild in das volle Licht und ließ ihn eintreten. Der Vater wich vor Angst zurück, glaubte eine leibhaftige Schlange zu erblicken und floh entsetzt davon.

Alles was Nattern, Vampyre, große Sumpfinsekten, Eidechsen und ähnliches Getier gräßlichstes und widerlichstes an sich haben, das war an diesem Untier vereint. Man sah es aus einer Felsenspalte kriechen und sein Gift gegen den Beschauer richten.

Das beste dabei war, daß dieses Schreckensbild durch lange Naturstudien entstanden war. Ser Piero fiel seinem Sohne um den Hals.

Der Schild wurde für 300 Dukaten an den Herzog Galeas von Mailand verkauft.[13]

3. Lionardos Jugendwerke.

Die Mailänder haben allen Grund, den Göttern dankbar zu sein, daß Lionardo früh zu ihnen kam. Wahrscheinlich hat er das liebenswerte Florenz vor seinem dreißigsten Lebensjahre nicht verlassen.[14]

Man muß sich nach dem *Medusenhaupt* in den Uffizien eine Vorstellung von den Fähigkeiten des jugendlichen Lionardo machen...[15]

Ganz andersartig, aber ebenso aus seiner frühen Zeit, ist das *fürstliche Kind in der Wiege* in der Bologner Pinacoteca).[16] Es steckt viel Sorgfalt in diesem Bilde, aber von dem bekannten Stile Lionardos liegt nichts darin. Es ist überreich an Licht; der Maler denkt noch nicht an jene weise Sparsamkeit, die nachmals einer der Grundzüge seiner Malweise wurde. Diese Betrachtung drängt sich einem recht auf, wenn man die Magdalenen des Palazzo Pitti in Florenz und der Villa Aldobrandini in Rom oder die heiligen Familien der Galerien Giustiniani und Borghese betrachtet. Man zeigt neugierigen Bewunderern häufig *Köpfe von Johannes dem Täufer* oder von *Christus*, die jenem frühen Stil Lionardos entsprechen. Wenige rühren von ihm her.

Im Ganzen finde ich mehr Zartheit als Schönheit in den ersten Bildern Lionardos, insbesondere fehlt ihnen jene gewisse Härte, die einen an der Schönheit der Antike bisweilen überrascht und gegen die Lionardo zu allen Zeiten seines Lebens eine Abneigung gehabt zu haben scheint. Sein Genie ließ ihn die Schönheit der Moderne empfinden; dadurch ist er allen Florentinern überlegen.

---

[13] Dieser Schild der Meduse ist verloren gegangen. Vgl. Anmerkung 2 auf S. 52.

[14] Lionardo kam 1482, spätestens 1483 nach Mailand

[15] Man weiß heute, daß das Medusenhaupt in Florenz mit der verloren gegangenen Meduse Lionardos gar nicht im Zusammenhang steht. Aus diesem Grunde ist die weitere Betrachtung Stendhals darüber hier fortgelassen

[16] Nummer 212 daselbst. Auch dieses Bild ist dem Lionardo längst mit Recht abgesprochen worden. Es scheint der Schule des Fed. Baroccio anzugehören

Die Köpfe aus früherer Zeit ähneln, und das ist begründet, den Köpfen des Verrocchio. Der Faltenwurf der Gewänder ist etwas dürftig, die Schatten matt, das Ganze trocken und kleinlich, wenn auch nicht ohne Anmut. So war sein frühester Stil.

4.
Die drei Stilarten Lionardos.

Ich habe von drei Arten des Stils bei Lionardo gesprochen und gebe hierzu folgende Beispiele:

zur ersten Art: das *fürstliche Kind in der Wiege* zu Bologna;[17]

seine zweite Art weist eine Veränderung durch den außerordentlich starken Schatten auf. Ich möchte hier die *Madonna unter den Felsen* aufführen. An diesem Bilde muß man die Kopfformen Lionardos studieren.[18]

Sein Sfumato, verschwimmende Farben und Konturen, kennzeichnen hauptsächlich Lionardos dritte Art; sie ist ruhiger und von einer weicheren Harmonie. Wenn Lionardo eine große Plastik erreicht, so geschieht es eher dadurch, daß er mit dem Lichte geizt, als dadurch, daß er dem Schatten besondere Kraft verleiht.

5.
Lionardo in Mailand.

Der (1476) ermordete Herzog von Mailand, Galeazzo Maria Sforza, hinterließ einen unmündigen Sohn, Gian Galeazzo, zu dessen Vormund sich (1481) der berühmte Ludovico il Moro machte. Dieser Fürst trachtete offenbar nach der Herrschaft seines Mündels und Neffen, was ihm in der Tat 1494 nach dessen Vergiftung schließlich gelang.

Ludovico sah, welchen Ruf sich die Medici in Florenz dadurch erwarben, daß sie die Künste förderten. Nichts verdeckt die Gewaltherrschaft mehr als der Ruhm. Er berief nun alle berühmten

---

[17] Als Jugendwerke erkennt man heute im allgemeinen nur noch an: 1. den Engel in Nerrocchios Taufe Christi (vgl. Seite 48), 2. eine Verkündung Maria in den Uffizien, bezw. eine ebensolche im Louvre, 3. das Bildnis einer jungen Frau (der Ginevra dei Benci) in der Galerie Lichtenstein zu Wien

[18] Im Louvre und in der Londoner Nationalgalerie

Männer, deren er habhaft werden konnte, an seinen Hof, angeblich zur Erziehung seines Neffen. In fortwährenden Festlichkeiten suchte Ludovico Erholung von der düsteren Politik, in die er dauernd verwickelt war.

De Brosses schreibt:[19] »Ich sah in der durch ihre Marmorwerke so berühmten Certosa von Pavia das schöne Grabmal des Giangaleazzo Visconti, des Gründers dieses Klosters; ihm zu Füßen ist eine Bildsäule des Ludovico Sforza il Moro, der in Frankreich in der Burg Loches gestorben ist. Dieser Mann ist in der Geschichte durch seine Arglist so berüchtigt, daß ich seine Physiognomie mit großer Sorgfalt studiert habe. Sie ist durchaus sympathisch und die des besten Menschen der Welt....«

Ludovico liebte über die Maßen die Musik und die Laute, ein bei den Alten berühmtes Instrument, das nichts anderes ist, als die sentimentale Guitarre. Man berichtet, daß Lionardo gelegentlich einer Art von Wettstreit der besten Lautenspieler Italiens zum ersten Male an den Mailänder Hof kam. Er soll sich mit einer Laute von eigentümlicher Form, nach den neuesten akustischen Grundsätzen aus Silber hergestellt, vorgestellt haben. Dieser Laute hatte er die Gestalt eines Pferdeschädels gegeben. Er trug aus dem Stegreif vor, wobei er sich selbst begleitete, trat in öffentlicher Disputation auf und hielt geistvolle Reden über alle möglichen Themata. So bezauberte er die ganze Stadt und Ludovico nahm ihn in seine Dienste.

Heutzutage wäre eine Disputation im Salon sehr lächerlich, aber im Quattrocento war man noch jung. Selbst die Hofgesellschaft hatte für einen höheren Menschen einen Reiz, den sie verloren hat. Sie war die Krone der Geselligkeit, heute ist sie nichts als Zwang. Die Vorliebe des eleganten Lionardo für die Gesellschaft von Fürsten ist somit verständlich.

In Mailand wurde er bald der tonangebende Mann, der Leiter der Feste Ludovicos wie derjenigen, die die Edelleute der Stadt ihrem Fürsten zu Ehren veranstalteten. Er wurde der Oberingeneur für die Wasserregulierungen, der Erschaffer eines Reiterstandbildes, das

---

[19] Briefe aus Italien, I, 106

der Herzog seinem Vater Francesco errichten wollte, und schließlich der Maler zweier seiner Geliebten.

Cecilia Gallerani und Lucrezia Crivelli waren die beiden schönsten Damen aus den ersten Familien Mailands. Lionardos Bildnis der Cecilia, der Dichterin hübscher Verse, hängt in der Ambrosiana,[20] das der Lucrezia ist vielleicht identisch mit der »Belle Féronnière«, jener Dame im roten mit Gold verbrämten Kleide, mit einem Edelsteine mitten auf der Stirn, im Louvre zu Paris.[21]

Man findet in den Manuskripten Lionardos den Entwurf eines Briefes[22] an Ludovico den Mohren, in dem er ihm alle seine Verdienste darlegt. Dieser Brief ist von rechts nach links geschrieben, also in einer einfachen Art von Geheimschrift, die Lionardo vielleicht aus keinem anderen Grunde anzuwenden Pflegte als aus seiner eigentümlichen Vorliebe für alles Seltsame.[23]

Die dreißig Bände Manuskripte und Zeichnungen, die in der Hauptsache heute in Mailand und Paris zu finden sind, weisen viel Licht über das Leben ihres Verfassers. Sie sind nicht im gewöhnlichen Sinne interessant. Lionardo hatte nicht wie Benvenuto Cellini den glücklichen Einfall, sich der Allgemeinheit zu offenbaren. Sonst würden diese Manuskripte eine ganz andere Berühmtheit haben.

Ich habe darin eine kleine Erzählung gelesen, nichts Besonderes, aber ich erinnere mich ihrer gerade, weil dazu am Rande bemerkt steht: »Dieb, Lügner, Dickkopf, Freßsack.« Es ist ersichtlich, wer dieses schöne Subjekt war: »Jacomo kam zu mir am Magdalentage 1490, im Alter von zehn Jahren. Am zweiten Tage ließ ich ihm zwei Hemden schneiden, ein paar Hosen und einen Wams, und als ich mir das Geld beiseite legte (4 Lire), um genannte Sachen zu bezahlen, stahl er mir dieses Geld aus der Geldtasche, und nie war es mir

---

[20] Bildnis einer mailändischen Prinzessin, vgl. Burckhardt, Cicerone, S. 756, der es aber für ein Porträt von Ludovicos natürlicher Tochter, der »Madama Bianca« hält.

[21] Dieses Bild stammt sicher aus der ersten Zeit von Lionardos Mailänder Aufenthalt; wen es aber darstellt, ist unbestimmbar

[22] Codex atlanticus fol. 391. – Man findet eine Übersetzung dieses Entwurfs in »Lionardo da Vinci« von Herzfeld, Leipzig, E. Diederichs, 1904, Seite 174–176

[23] Wahrscheinlicher ist es, daß sich Lionardo zum Schreiben häufig der linken Hand bediente

möglich, ihn das eingestehen zu machen, obwohl ich davon wahre Gewißheit hatte. Am folgenden Tage ging ich mit Jacobo Andrea zum Nachtmahl, und vorbezeichneter Jacomo aß für zwei und tat Böses für vier, indem er zwei Flaschen zerbrach, den Wein vergoß und dann zu mir kam. Item, am 7. Tage des Septembers stahl er dem Marco, der mit mir war, einen Griffel, der aus Silber war, im Werte von zweiundzwanzig Soldi und nahm ihn aus dessen Studio. Nachdem genannter Marco lang genug gesucht hatte, fand er selbigen in der Truhe des genannten Jacomo versteckt. Item, am 26. Tage des Januars darauf, als ich im Hause des Messer Galeazzo da Sanseverino war, um das Fest des Lanzenstechens anzuordnen, und etliche Knappen sich auszogen, um Wämser von wilden Männern anzuprobieren, die bei selbigem Feste vorkamen, näherte sich Jacomo der Geldkatze des einen unter ihnen, die mit anderen Gewändern auf dem Bette lag, und nahm daraus, was sich an Münzen darin befand. Item, als in genanntem Hause Meister Agostino von Pavia mir ein türkisches Leder geschenkt hatte, um mir daraus ein paar Stiefel machen zu lassen, entwendete es mir Jacomo innerhalb des Monats und verkaufte es einem Flickschuster um zwanzig Soldi, von welchem Gelde, nach dem, was er mir selber gestand, er sich Aniskonfekt kaufte. Item noch, am 2. Tage des April, da Gianantonio einen Silberstift auf einer Zeichnung hatte liegen lassen, stahl ihn selbiger Jacomo, welcher Stift 24 Soldi im Werte war. Im ersten Jahre: 1 Mantel, 6 Hemden, 3 Wämser, 4 Paar Strümpfe, 1 gefütterter Anzug, 24 Paar Schuhe, 1 Barett, Gürtel, Nestel ....«[24]

Ein Liebling Ludovicos des Mohren, eines Menschenkenners, gepriesen im Lande als ein Genius des berühmten Florenz, der Leuchte der Lombardei, betätigte Lionardo die erstaunliche Mannigfaltigkeit und Fruchtbarkeit seines Geistes und schuf gleichzeitig zwanzig verschiedene Arbeiten. Er war dreißig Jahre alt, als er an jenen glänzenden Hof kam und er verlieh Mailand erst mit dem Sturze Ludovicos, siebzehn Jahre später.

---

[24] Der deutsche Text nach der Herzfeld'schen Übersetzung

6

Lionardo als Künstler.

Während dieses langen Zeitraumes malte Lionardo wenig. Der Einfluß seiner ersten Erziehung bei Verrocchio blieb im ganzen Laufe seines Lebens leicht erkennbar. Wie sein Lehrer zeichnete er lieber, als daß er malte. In der Zeichnung und in der Wahl der Gestalten bevorzugte er nicht volle runde Umrisse wie Rubens, vielmehr das Graziöse und Geistvolle wie Francia. Pferde und kämpfende Soldatengruppen entstanden immer wieder unter seinen Händen. Die Anatomie war sein Lebensstudium. Alles in allem arbeitete er mehr zur Förderung der Künste als zur Vermehrung ihrer Werke.

Sein Lehrer Verrocchio war ein geschickter Bildhauer, wie uns sein *Heiliger Thomas* an Orsanmichele zu Florenz und sein Reiterdenkmal von San Giovanni e Paolo in Venedig dartun. Kaum war Lionardo in Mailand angekommen, so sah man ihn bereits bei der Arbeit, ein Reiterdenkmal von kolossaler Größe zu modellieren. Er pflegte ferner eifrig die Geometrie und vollbrachte ungeheure Arbeiten auf den Gebieten der militärischen Technik und der Hydraulik. Der brennenden Sonne jenes Landes zum Trotz leitete er das Wasser in alle Winkel der Mailänder Ebene. Ihm danken wir, wir anderen Wanderer, somit jene bewunderungswerten Landschaften, in denen die Fruchtbarkeit und das endlose Grün im Vordergründe mit den bizarren Gebilden der fernen Alpen, die meilenweit den Horizont zu einer herrlichen Augenweide machen, wetteifern.

Er brach mit der Gotik in der Baukunst, er gründete eine Malerakademie; aber mitten in so mannigfaltiger Tätigkeit malte er nichts Geringeres als das Abendmahl im Refektorium von Santa Maria delle Grazie.

7.

Lionardo im Kloster delle Grazie.

Es gibt unmöglich jemanden, der das Abendmahl Lionardos nicht kennt; es ist das Original zu dem schönen Stich von Raffael Morghen.

Es handelte sich darum, jenen so zarten Augenblick darzustellen, wo Christus, wie ein junger Philosoph von seinen Schülern umgeben, in der Vorahnung seines Todes die rührenden Worte zu ihnen spricht: »Wahrlich, ich sage euch, einer unter euch wird mich verraten!« Eine Seele voll ähnlicher Liebe muß tief ergriffen sein, wenn sie bedenkt, daß unter den zwölf Freunden, die er auserwählt hatte, mit denen er sich verbarg, um einer ungerechten Verfolgung zu entgehen, die er an jenem Tage um sich vereint sehen wollte zu einem Brudermahl, dem Symbol des Bundes der Herzen und der weltumfassenden Liebe, wie er sie auf der Erde heimisch machen wollte, – trotz alledem ein Verräter weilt, der im Begriff ist, ihn um eine Summe Geldes seinen Feinden zu überliefern. Ein ebenso erhabener wie zarter Schmerz erforderte, um malerisch zum Ausdruck zu kommen, die einfachste Anordnung, so daß man sich bei der Betrachtung an nichts hängen kann als an die Worte, die Christus in diesem Augenblick verkündet. Es war eine große Schönheit in den Köpfen der Jünger nötig und eine besondere Vornehmheit in ihren Bewegungen, um das Gefühl zu erzeugen, daß es keine niedrige Furcht vor dem Tode ist, die Christus betrübt. Wäre er ein gewöhnlicher Mensch gewesen, so hätte er die Zeit nicht über einer gefahrvollen Rührung verloren, er hätte Judas erdolcht oder zum mindesten in Begleitung seiner treugebliebenen Jünger die Flucht ergriffen.

Lionardo da Vinci hatte das Gefühl für die himmlische Reinheit und den tiefen Sinn, die dem Wesen dieser Handlung Christi anhaften; tief verletzt durch die verruchte Unwürdigkeit des schwarzen Verrats und die Erkenntnis der menschlichen Arglist, war Christo das Leben verleidet und er fand es süßer, sich der himmlischen Melancholie, von der seine Seele voll war, hinzugeben, als ein unglückliches Leben zu retten, das täglich ähnlicher Undankbarkeit ausgesetzt war. Christus sah seine Lehre von der erdumfassenden Menschenliebe scheitern. Er sagte sich, ich habe mich getäuscht und die Menschen nach meinem Herzen beurteilt. Seine weiche Rührung ist so groß, daß er zu seinen Jüngern jene traurigen Worte spricht: »Einer unter euch wird mich verraten!« Er blickt keinen dabei an.

Christus sitzt in der Mitte einer langen Tafel, deren eine Seite, die nach dem Betrachter hin, frei geblieben ist. Johannes, der Lieblingsjünger Christi, sitzt ihm zur Rechten; an Johannnes lehnt sich Petrus, daneben sitzt der falsche Judas. Dadurch, daß eine ganze Seite der Tafel unbesetzt ist, sieht man die Gestalten voller. Dargestellt ist der Augenblick, wo Christus seine grausamen Worte eben ausgesprochen hat; der erste Eindruck der Empörung spiegelt sich an allen Personen wieder. Johannes, niedergeschlagen durch das eben Vernommene, hört gleichwohl mit gewisser Aufmerksamkeit auf Petrus, der ihm lebhaft seinen gegen einen der auf der anderen Seite sitzenden Jünger gefaßten Verdacht begründet. Judas sitzt halb rückwärts gewendet da und sucht nach Petrus hinzusehen, um zu hören, was dieser mit so viel Feuer spricht. Währenddem wird sein Gesicht dreist und er bereitet sich vor, allen Verdächtigungen gegenüber standhaft zu leugnen. Aber er ist bereits entdeckt. Jakobus der Jüngere macht Petrus, indem er seine linke Hand hinter Andreas weg auf ihn legt, aufmerksam, daß der Verräter auf seiner Seite sitze. Andreas schaut entsetzt auf Judas. Bartholomäus, der am Ende der Tafel (links vom Beschauer) sitzt, richtet sich halb auf, um den Verräter besser zu sehen.

Zur Linken Christi beteuert Philippus seine Schuldlosigkeit durch die allen Völkern eigentümliche Gebärde: er öffnet die Arme und bietet die Brust unbeschützt dar. Thomas verläßt seinen Platz und tritt lebhaft an Christus heran; den Zeigefinger der rechten Hand emporhebend scheint er den Heiland zu fragen: »Einer unter uns?« Gerade diese Geste läßt merken, daß die Malerei eine weltliche Kunst ist. Diese Geste war nötig, um die Situation für profane Augen zu charakterisieren. Sie macht die eben ausgesprochenen Worte vernehmbar. Es fehlt ihr aber jene vornehme Seelengröße, die Christi Jünger haben müßten. Daß ein Verräter unter ihnen ist, ist nicht das Wichtigste. Daß sich eine schändliche Seele gefunden hat, einen so liebenswerten Meister zu verraten, dieser Gedanke sollte jeden von ihnen niederdrücken und dann sollte ihnen noch ein anderer Gedanke erstehen, der: »Wir Werden ihn nicht mehr sehen!« und ein dritter: »Gibt es kein Mittel, ihn zu retten?«

Philipp, der jüngste Apostel, erhebt sich mit einer Bewegung voll Treuherzigkeit und Freimut, um seine Treue zu beteuern. Matthäus wiederholt die schrecklichen Worte dem Simon, der sie ungläubig abwehrt. Thaddäus, der sie ihm vordem überbracht hat, weist auf Matthäus, der sie gleichzeitig mit ihm vernommen hat.

Simon, der letzte Jünger zur Rechten des Beschauers, scheint auszurufen: »Wie könnt ihr so etwas Schreckliches zu sagen wagen!«

Aber man merkt, daß alle, die um Christus sind, nur Jünger sind, und das Auge wendet sich nach der Betrachtung dieser Gestalten sehr rasch wieder ihrem erhabenen Meister zu. Der edle Schmerz, der ihn bedrückt, beklemmt das Herz. Die Seele versinkt in Nachdenken über das vielleicht größte menschliche Unglück, den Freundesverrat. Man hat die Empfindung, daß man freie Luft zum Aufatmen bedürfe; darum hat auch der Maler die Türe und die beiden Fenster im Hintergrunde offen gemalt. Das Auge sieht in eine ferne stille tröstende Landschaft. Unser Herz bedarf dieser schweigsamen Ruhe, wie sie um den Berg Zion waltete. Die Abendsonne, deren sterbende Lichter über die Landschaft gleiten, verleiht ihr einen Schimmer von Traurigkeit, der mit der Stimmung des Betrachters harmoniert. Er weiß wohl, es ist der letzte Abend, wo der Freund der Menschen auf Erden weilt. Morgen, wenn die Sonne niedersinken wird, hat er aufgehört zu sein.

Mancher wird über dieses erhabene Werk Lionardos denken wie ich, aber der Mehrheit werden meine Gedanken gesucht erscheinen; ich fühle es wohl. Diese Mehrheit ersuche ich, das Buch zu schließen. Was sollen wir lange einander mißfallen? Man findet leicht in anderen geschichtlichen Werken über die Malerei genauere Beschreibungen, in denen die Farben der Gewänder jedes einzelnen Jüngers und anderes mehr gewissenhaft verzeichnet steht, zum Beispiel in Bossis »Del Cenacolo«. Man kann übrigens die köstliche Arbeit der Tischtuchfalten wohl bewundern.

8.
Die Ausführung.

Wenn je ein Mensch von Natur dazu auserlesen war, einen solchen Gegenstand zu malen, so war es Lionardo da Vinci. Er hatte eine seltene Vornehmheit der Zeichnung, wie sie bei ihm stärker zutage tritt als selbst bei Raffael, weil sie bei ihm durch den Ausdruck der Kraft nicht im geringsten beeinträchtigt wird. Lionardo besaß jenes melancholische, weiche, in Schatten zerfliessende Kolorit, das, ohne in seinen leuchtenden Farben grell zu sein, im Helldunkel triumphiert, und das, wenn es noch nicht existiert hätte, eigens zu einem solchen Stoff hätte erfunden werden müssen. Wenn man dazu noch die kolossale Größe der Figuren und die Größe des Gemäldes in Betracht zieht – es ist neun Meter lang und viereinhalb

Meter hoch – so wird man zugeben, daß es in der Geschichte der Kunst von einschneidender Bedeutung sein mußte, und mir verzeihen, wenn ich bei ihm noch länger verweile.

Die mehr vornehme als leidenschaftliche Seele Lionardos versäumte es nie, seine Gestalten durch eine ausgesuchte Feinheit und Vollkommenheit des Architektonischen und Ornamentalen der Umgebung zu heben. Der feinfühlige Mensch, der über die Malerei Betrachtungen anstellt, wird mit Erstaunen die kleinen blauen Streifen wahrnehmen, die das Weiße des Tischtuchs unterbrechen, die köstlichen regelmäßigen und einfachen Ornamente des Saales, in dem sich die rührende Szene abspielt, die zur Steigerung des Vornehmen hinzugefügt sind. Das sind die Mittel der Malerei.

9

Unter einer alten Kopie des Abendmahls in der Kirche von Ponte Capriasco habe ich eine lateinische Inschrift gefunden, die die Namen der Apostel aufführt. Ich beginne mit der Person am äußersten links vom Beschauer:

Bartholomäus, Jakobus der Jüngere, Andreas, Judas, Petrus, Johannes, Christus, Thomas, Jakobus der Ältere, Philippus, Matthäus, Thaddäus, Simon.

Diese Reihenfolge ist ziemlich einleuchtend. Ich möchte behaupten, daß dieselbe Inschrift höchst wahrscheinlich auch unter der Originalfreske gestanden hat.

Die Kopie in Ponte Capriasco hat einen gefälligen Charakter. Eine alte Chronik des Dorfes berichtet, daß sie von einem prächtigen jungen Manne aus Mailand herrühre, der sich aus der Flucht aus jener Stadt daselbst gegen das Jahr 1520 verborgen hielt. Er durfte einige Zeit nach der Vollendung nach Mailand zurückkehren. Man wollte ihn bezahlen, lange weigerte er sich dagegen, schließlich nahm er siebzig Taler an, ging auf den Markt und verteilte das Geld unter die ärmsten Einwohner. Dazu schenkte er der Kirche, die seine Zuflucht gewesen war einen Gürtel aus roter Seide, den er zu tragen gewohnt war und den man noch heute bei großen Festen verwendet.

Trotz der Überlieferung und des Gürtels sind die Kenner der Ansicht, jene Kopie sei von Piero Luini, dem Sohne des berühmten Bernardino, und unmöglich älter als vom Jahre 1565.

10.
Die Entstehungszeit des Abendmahls.

Im Jahre 1495 hatte Giovanni Donato Montorfano, ein unbedeutender Maler, auf der Südwand des Refektoriums delle Grazie *Christus am Kreuze zwischen den beiden Sündern* gemalt. Als Ludovico der Mohr durch den Tod seines Neffen Herzog von Mailand wurde, wollte er, wie man berichtet, daß Lionardo jenem Gemälde auf der einen Seite sein Bildnis, auf der anderen das seiner Gattin und seiner Kinder hinzufüge. Aber was von diesen Bildnissen übrig geblieben ist, ist zu mittelmäßig, als daß man glauben könne, es sei von Lionardo.

Man hat die Kostenberechnung des Baumeisters, dem Ludovico die Arbeiten im Kloster delle Grazie übertragen Hat, aufgefunden. Man liest da, Folio 17, folgende Bemerkung: »1497. Für Arbeiten, ausgeführt im Refektorium, wo Lionardo die Apostel malt, und für ein Fenster: 37 Lire, 16 Soldi.«

Fraiei Luca Paciolo, ein Geometer und vertrauter Freund Lionardos, hat uns das Zeugnis hinterlassen, wonach er erst 1498 sein Abendmahl vollendet hat. Lionardo stand damals in seinem sechsundvierzigsten Lebensjahre.

11
Spuren der Vorstudien Lionardos zu seinem Abendmahle.

Die italienische Prosa vor Alfieri ist einer immerwährenden Verfluchung anheim gefallen. Es ist eine Qual wenn man diese Sprache liest und nach einem klaren Sinn inmitten eines Ozeans von klangreichen Worten sucht.

Die Sucht, geistreich zu sein, der Niedergang, der alles Interesse, über schwierige Dinge klar zu schreiben, tötete, die Vorliebe der Fürsten für den verschwommenen Stil – den Stil der Jesuiten – haben jenen qualvollen Mangel heraufbeschworen. Ich müßte jeder unklaren Einzelheit, die ich der Unzahl von alten Scharteken über die ältere Malerei entnehme, ein *vielleicht* oder ein *wie man sagt* voraussetzen. Zur Erläuterung will ich folgende Worte des Fra Paciolo anführen: »Lionardo hat mit seiner erhabenen Hand das köstliche Gleichnis unserer heißen Sehnsucht nach dem Heil an der weihevollen und verehrungswürdigen Stätte des geistigen und leiblichen Mahles im heiligen Tempel delle Grazie zum Ausdruck gebracht, vor dem fortan alle Werke von Apelles, Myron und Polyklet verbleichen müssen ...«

Giovambattista Giraldi hat im Jahre 1554 Dialoge über die Technik des Romans und der Komödie veröffentlicht. Ich finde darin folgende Stelle: »Der dramatische Dichter muß dem Vorbilde des berühmten Lionardo da Vinci folgen. Wenn dieser große Maler irgend eine Person auf einem seiner Bilder anbringen wollte, so ging er zunächst mit sich über ihre Eigenschaften zu Rate, ob sie von edler oder gewöhnlicher Art dargestellt werden müsse, in fröhlicher oder ernster Stimmung, in einem Zustande der Aufregung oder der Heiterkeit, alt oder jung, gut oder böse. Wenn er sich nach längeren Erwägungen diese Fragen beantwortet hatte, suchte er Stätten auf, wo gewöhnlich Menschen von entsprechendem Schlage zusammenkamen. Aufmerksam beobachtete er ihre individuellen Bewegungen, ihre Gesichter, den Gesamteindruck ihrer Manieren, und jedesmal wenn er den geringsten Zug fand, der ihm für seine Arbeit dienlich sein konnte, skizzierte er ihn in ein kleines Buch, das er immer mit sich führte. Wenn er nach etlichen Studiengängen genügendes Material gesammelt zu haben glaubte, ging er schließlich an das Malen.

Mein Vater, der in bezug auf derartige Einzelheiten sehr wißbegierig war, hat mir tausendmal erzählt, daß Lionardo besonders bei dem berühmten Gemälde in Mailand diese Methode angewendet hat.

Lionardo da Vinci hatte den Christus und elf Apostel vollendet, aber von Judas war nur der Körper fertig, immer noch fehlte ihm der Kopf und Lionardo kam gar nicht mehr an sein Werk. Der Prior des Klosters, ungeduldig darauf, fein Refektorium frei vom Malergerüst zu sehen, beschwerte sich beim Herzog Ludovico über die Arbeit. Der Herzog ließ Lionardo zu sich rufen und sprach ihm seine Verwunderung über den so langen Verzug aus. Lionardo antwortete, daß es an ihm sei, über die Worte seiner Hoheit verwundert zu sein, zumal es die Wahrheit sei, daß kein Tag vorüber-gehe, an dem er nicht zwei volle Stunden für dieses Bild male.

Dem nochmals befohlenen Mönche teilte der Herzog Lionardos Antwort mit. »Hoheit,« entgegnete der Abt, »es ist nur noch ein Kopf zu malen übrig, der von Judas; aber seit einem Jahre hat Lio-nardo nicht nur das Bild nicht berührt, sondern ist überhaupt nur ein einziges Mal gekommen, das Bild zu sehen.«

Der erzürnte Herzog ließ Lionardo abermals kommen.

»Verstehen die Mönche etwas von der Malerei?« – sagte Lionar-do. – »Sie haben recht, seit langer Zeit habe ich den Fuß nicht in ihr Kloster gesetzt, aber sie haben unrecht, wenn sie behaupten, ich widmete täglich nicht wenigstens zwei Stunden jenem Bilde.«

»Wie ist das zu verstehen, da du nicht hinkommst?«

»Eure Hoheit wissen, daß nur noch der Kopf des Judas zu malen übrig ist, der des ausgezeichnetsten Schurken, den die Welt kennt. Es geziemt sich also, ihm ein Aussehen zu geben, das seiner Ruch-losigkeit entspricht. Nun seit einem Jahre und noch länger gehe ich täglich früh und abends nach dem Borghetto, wo, wie Eure Hoheit wissen, die ganze Kanaille der Hauptstadt wohnt. Aber ich habe noch kein so ruchloses Gesicht finden können, daß es meiner Idee davon genüge. Sobald ich einmal dieses Gesicht gefunden habe, ist das Bild in einem Tage vollendet. Wenn indessen mein Suchen ver-geblich sein sollte, so will ich die Züge des Priors, der sich bei Eurer Hoheit über mich beklagt hat, nehmen. Sie erfüllen übrigens ganz meine Ansprüche. Nur hegte ich immer Bedenken, ihn in seinem eigenen Kloster lächerlich zu machen.« Der Herzog mußte lachen und da er sah, mit welcher Gründlichkeit und welcher Überlegung Lionardo seine Werke komponierte, verstand er, daß sein Gemälde bereits die allgemeine Bewunderung erregte.

Einige Zeit darauf fand Lionardo das gesuchte Modell; er skiz-zierte es auf der Stelle in den Hauptzügen und vollendete seine Freske eiligst ....«

Derartig praktisch arbeiteten immer die großen italienischen Ma-ler. Ich erinnere mich, daß in unseren Tagen Appiani, der jüngste Freskenmaler, als er den Auftrag hatte im Schloß zu Mailand das Erwachen der Weltteile durch die Heldentaten Bonapartes zu malen, ohne es zu wollen mehr als acht Tage lang an einem Löwenfell arbeitete. »Soll ich ein Schablonenmaler werden?« antwortete er mir. »Wie viel Löwenfelle habe ich denn in meinem Leben gesehen? Wie flüchtig habe ich auf sie geachtet? Nein, ich kann es nur nach der Natur malen.«

Lionardo soll für sein Bild einen Karton von der gleichen Größe gezeichnet haben. Die Skizzen zu den einzelnen Köpfen entwarf er verkleinert. Die Köpfe von Petrus und Judas, die sich in den Pariser Handschriften finden, sind von Gerli veröffentlicht worden.[25] Man behauptet ferner, Lionardo habe die Gestalten aller Apostel und auch die des Christus einzeln gemalt. Lomazzo berichtet, Lionardo habe die Köpfe des Abendmahls in Pastell gemalt. Die berühmte Malerin Angelika Kauffmann erzählt, die Apostelköpfe – ohne den Chistuskopf – seien von Rom nach England gekommen, sie habe sie in Rom gesehen und zwei englische Maler hätten sie gegen das Ende des achtzehnten Jahrhunderts erworben.[26]

Der verstorbene Bibliothekar der Ambrosiana, Mussi, glaubte den von Lionardo in Pastell gemalten Christuskopf zu besitzen.[27] Angelika Kauffmann, der er ihn gezeigt hat, hält ihn für echt und gleichen Stils wie die Apostel. Dieser Christuskopf ist ohne Bart und ist von Matteini, dem Zeichner zu dem Stich von Raffael Morghen, stark benutzt worden. Am Original sieht man vom Kopfe des Christus nicht genug, um ihn zeichnen zu können. Lediglich aus Respekt vor den alten Kopien ist auf dem Stiche Morghens ein Anflug von Bart hinzugefügt.

Nach endlosen Vorbereitungen führte Lionardo das Abendmahl in Öl aus, indem er dabei eine unlängst von Johann von Brügge erfundene Technik anwendete, eine Technik, die Änderungen möglich machte, weicher wirkte und eine hohe Vollkommenheit erreichen ließ, alles Dinge, die Lionardos Charakter so recht ansprachen. Die Freskomalerei, bei der man in Fluß bleiben und sich mit dem

---

[25] In Folio, bei Galeazzi, Mailand 1784

[26] Sie sind jetzt in Weimar. So wertvoll diese acht Pastellbilder sind, so sind sie doch nur als Kopien, nicht von Lionardos eigener Hand herrührend, anzusehen. Sechs ihnen verwandte Kartons finden sich in Straßburg

[27] Diese vielumstrittene Pastellzeichnung hängt heute in der Mailänder Brera. Übrigens ist auch der Straßburger Christuskopf unbärtig

Ungefähr begnügen muß, paßt mehr für Naturen wie Michelangelo, Lanfranco, – zielbewußten Geistern. Lionardo scheint gezittert zu haben, wenn er die Pinsel zur Hand nahm.

Die Wahl der Technik zu diesem Bilde muß ewiges Bedauern hinterlassen; die wertlose Freske des Montorfano auf der einen Wand des Refektoriums trägt eine muntre Frische zur Schau, wahrend uns der Schließer auf der anderen Mauer nichts als ein paar verwischte Umrisse zeigt. Das ist das Abendmahl des Lionardo da Vinci.

Leider hat Lionardo allzu entfettete Ölfarben verwendet. Diese Zubereitung, die dem Öl die Haltbarkeit nimmt, bewahrt die Farben höchstens vor dem Gelbwerden. Das kann man an dem einzigen unübermalten Stück des Bildes erkennen, an einem Teile des Himmels, der im Hintergrunde hinter dem Christuskopfe noch leuchtet.

Alle Ursachen zur Vernichtung scheint ein grausamer Zufall gegen dieses erste aller Meisterwerke vereint zu haben. Lionardo brachte nämlich fernerhin bei der Vorbereitung der Mauerfläche ein besonderes Mittel in Anwendung, das eine frühzeitige Abbröckelung zur Folge hatte. Überdies war die Mauer aus schlechtem Material, und das Kloster, ganz besonders das Refektorium liegt so tief, daß bei allen Überschwemmungen das Wasser in den Saal eingedrungen.

12

Der berühmte Matteo Bandello, der vortreffliche Erzähler, ein Neffe des Priors von Santa Maria delle Grazie, legt die achtundfünfzigste Novelle seiner Sammlung Lionardo in den Mund. Er hat sie der Genoveva Gonzaga gewidmet und sagt in der Einleitung:

»Es waren in Mailand zur Zeit des Ludovico Sforza Visconti, Herzogs von Mailand, mehrere Edelleute im Kloster delle Grazie der Brüder des heiligen Domenikus und standen schweigsam im Refektorium da, um das wunderbare und höchst berühmte *Abendmahl des Christus mit seinen Jüngern* zu betrachten, das damals der ausgezeichnete Maler Lionardo da Vinci, der Florentiner, malte. Er hatte es sehr gern, wenn jeder, der seine Gemälde sah, darüber ganz frei sein Bedünken sagte. Er pflegte auch oft, und ich habe es mehr als einmal gesehen und bemerkt, des Morgens frühzeitig herzugehen und auf die fliegende Brücke zu steigen, weil das Abendmahl ein wenig über dem Boden erhöht ist; er pflegte, sage ich, von der aufgehenden Sonne bis zum verdämmernden Abend nicht den Pinsel aus der Hand zu nehmen, sondern, des Essens und des Trinkens vergessend, unaufhörlich zu malen. Dann sind wohl auch wieder zwei, drei oder vier Tage gewesen, wo er nicht Hand angelegt und dennoch manchmal ein oder zwei Stunden am Tage dablieb und nur schaute, überlegte und in sich selber seine Figuren beurteilte. Ich sah ihn auch (wenn ihm so die Laune oder Grille kam) um Mittag, wenn die Sonne im Löwen steht, von der Corte Vecchia fortgehen, wo er jenes stupende Pferd aus Lehm komponierte, und stracks nach Santa Maria delle Grazie kommen und, auf das Gerüst gestiegen, den Pinsel ergreifen, einer jener Figuren ein, zwei Pinselstriche geben und sofort wieder weg und anderswohin gehen. Es hatte damals gerade der Kardinal von Gurk (Gurcense il vecchio) in delle Grazie Wohnung genommen und ließ sichs einfallen, ins Refektorium zu treten, um genanntes Abendmahl zu sehen, während die oben erwähnten Edelleute versammelt waren. Als Lionardo den Kardinal erblickte, stieg er herab, ihm seine Reverenz zu bezeigen, und wurde von jenem gnädig empfangen und höchlich gefeiert ...

Es frug der Kardinal, wieviel Gehalt er vom Herzog Ludovico empfange. Lionardo antwortete, daß er für gewöhnlich einen Jahresgehalt von zweitausend Dukaten habe, ohne die Gaben und Geschenke, so der Herzog den ganzen Tag ihm aufs freigebigste mache. Schien dieses dem Kardinal eine große Sache und, vom Abendmahl sich trennend, zog er sich in seine Gemächer zurück. Lionardo hierauf, um darzutun, daß die ausgezeichneten Maler stets geehrt worden seien, erzählte den versammelten Edelleuten darüber eine hübsche kleine Geschichte. Ich, der bei seinem Gespräch anwesend war, zeichnete sie in meinem Geiste auf ....«

Die eigentliche Novelle, die nun beginnt, bezieht sich auf Fra Filippo. Lionardo leitet sie mit Scherzen über die Unwissenheit des Kardinals von Gurk ein. Bugati berichtet in seiner im Jahre 1570 herausgegebenen Geschichte zwar, Ludovico der Mohr habe seinem Maler ein Jahresgehalt von fünfhundert Talern ausgesetzt, aber möglicherweise ist das Gehalt Lionardos später erhöht worden oder er hatte mehrere Ämter zugleich inne.

Giovanni Paolo Lomazzo, ein Maler, der mit dreißig Jahren erblindete und dann der Verfasser ebenso heiterer wie mittelmäßiger Verse wurde, hat auch eine Abhandlung über die Malerei geschrieben, wie wir eine bessere nicht haben. Allerdings muß man die verständigen Vorschriften aus einer Flut von Worten heraussuchen. Man findet im neunten Kapitel des ersten Buches, geschrieben um 1560, folgende Stelle:

»Einer der Modernen, Lionardo da Vinci, ein erstaunlicher Maler, hat auf seinem Abendmahlsbilde soviel Schönheit und Erhabenheit in die Figuren von Jakobus dem Älteren und seinem Bruder gelegt, daß er dann bei der Ausführung der Christusgestalt eine Steigerung der erhabenen Schönheit, wie sie ihm für den Heiland geziemend erschien, nicht zu finden vermochte. Nachdem er lange gesucht hatte, ging er zu seinem Freunde Bernardo Zenale und erbat sich seinen Rat. Der antwortete ihm:

O Lionardo. Der Fehler, den du begangen hast, ist von solch einer Folgerichtigkeit, daß nur Gott allein ein Mittel dagegen geben könnte. Denn es steht ebensowenig in deiner Macht als in der eines anderen Sterblichen, einer Gestalt mehr Schönheit und himmlischeres Aussehen zu verleihen, als du den Köpfen von Jakobus dem Älteren und seinem Bruder gegeben hast. Also lasse den Christus unvollendet, denn niemals wirst du einen Christus zu diesen beiden Aposteln schaffen.

Und Lionardo befolgte diesen Rat, wie man heute noch ersehen kann, wennschon das Gemälde in Ruinen zerfällt.«

13
Das unglückliche Schicksal des Abendmahls.

Als der König Franz der Erste, der wie ein Italiener die Künste liebte, als Sieger in Mailand einzog, hatte er den Einfall, das Abendmahl nach Frankreich überführen zu lassen. Er befragte seine Baumeister, ob sie sich mit Hilfe von riesigen Balken und Eisenstangen zutrauten, die Mauer, ohne daß sie unterwegs in Stücke bräche, fortzubringen; keiner wagte darauf zu antworten. Heutzutage ist dergleichen ein Leichtes, man würde das Bild von der Mauer loslösen und auf Leinwand übertragen.

Das Abendmahl bestand damals noch in seiner ganzen Herrlichkeit, aber bereits um 1540 bezeichnet es Armenini als halbverdorben. Im Jahre 1560 versichert Lomazzo, daß die Farben sehr rasch verschwunden wären und, da nur die Konturen übrig seien, man nur die Zeichnung noch bewundern könne.

Im Jahre 1624 war, wie der Kartäuser Sanese berichtet, von der Freske fast gar nichts mehr zu sehen; 1652 fanden die Dominikaner den Eingang in ihr Refektorium zu unbequem und scheuten sich nicht, die Beine des Heilands und der ihn umgebenden Apostel zu beseitigen, indem sie an dieser so bedeutungsvollen Stelle eine Türe durchbrechen ließen. Man erkennt die Spuren der Hammerschläge auf der Tünche, die schon damals an allen Stellen von der Mauer abbröckelte. Nachdem die Mönche den unteren Teil des Gemäldes vernichtet hatten, ließen sie auf den oberen Teil ein kaiserliches Wappenschild aufnageln, das bis über das Haupt des Christus herabhing.

Es ist ein merkwürdiges Geschick, daß die nunmehrige Fürsorge dieser Mönche für uns ebenso unheilvoll war wie ihre vorherige Gleichgiltikeit. Im Jahre 1726 faßten sie den unseligen Entschluß, das Gemälde durch einen gewissen Bellotti, einen Farbenkleckser, der ein geheimes Verfahren zu haben behauptete, restaurieren zu lassen. Er legte zunächst vor einer Kommission von Mönchen eine Probe ab, verstand es dabei leicht, sie zu täuschen und baute sich dann vor dem Abendmahlsbilde einen Verschlag. Dahinter verborgen wagte er es, das Gemälde Lionardos von Grund aus neu zu malen. Schließlich enthüllte er es den törichten Mönchen, die seine geheimnisvolle Macht, die Farben wieder zu erwecken, anstaunten. Bellotti wurde gut bezahlt und dieser echte Scharlatan schenkte aus Erkenntlichkeit den Mönchen das Rezept seines Verfahrens.

Das einzige, wovor er Achtung empfunden hat, war der Himmel, dessen himmlische Verklärung er nicht den Mut gehabt hat, mit seinen groben Farben zu überpinseln. Etwas Drolliges bei diesem Unglück ist dann der Umstand, daß die Lobpreisungen über die Anmut und Feinheit der Hand Lionardos im Munde der Kenner nicht verstummten. Ein gewisser Cochin, ein mit Recht angesehener Pariser Maler, fand das Bild stark im Geschmacke Raffaels.

Aber auch die Farben Bellottis waren nicht von langer Dauer und wahrscheinlich wurde das Gemälde nochmals mit Wasserfarben ausgebessert. Im Jahre 1770 kam eine nochmalige Renovation in Frage. Aber diesmal berieten sich die Kunstfreunde weidlich und mit einer des Gegenstandes würdigen Fürsorge überlieferte man das Bild auf Grund der Empfehlung des Grafen Firmian, des Statthalters von Mailand, übrigens eines geistreichen Menschen, einem gewissen Mazza, der den Ruin vollendete. Der Ruchlose hatte die Kühnheit, mit einem Feuerhaken die letzten Reste der ehrwürdigen Malerei Lionardos abzukratzen; er stellte auf den Teilen, die er neu malen wollte, eine Art Grundton her, um seine Farben bequemer auftragen zu können. Leute, die etwas verstanden, protestierten laut gegen diesen Kleckser und seinen Protektor. Man solle doch, hieß es, die Erhaltung großer Denkmäler einer Staatsbehörde anvertrauen, die immer so klug, so bedächtig im Entschlüsse und so liebevoll konservativ sei.

Mazza hatte sich bereits an den Köpfen der Apostel Matthäus, Thaddäus und Simon zu schaffen gemacht, als der Prior des Klosters, der auch den leisesten Wunsch seiner Exzellenz zu willfahrten eifrigst bestrebt war, freilich schon etwas zu spät nach Turin versetzt wurde. Sein Nachfolger, Pater Galloni, unterbrach die Arbeit Mazzas sofort, nachdem er sie besichtigt hatte.

Im Jahre 1796 besuchte der Obergeneral Bonaparte das Bild Lionardos; er ordnete an, daß der Ort wo seine Reste sind, von der militärischen Einquartierung verschont bleiben solle und unterzeichnete diese Order eigenhändig über den Knieen, ehe er wieder zu Pferde stieg. Aber kurz darauf spottete ein General, dessen Namen ich verschweigen will, über diesen Befehl, ließ die Türen aufreißen und machte aus dem Refektorium einen Pferdestall. Dragoner fanden Vergnügen daran, mit Ziegelsteinstücken nach den Apostelköpfen zu werfen. Darnach wurde das Refektorium der Dominikaner ein Fouragemagazin. Bald hinterher erhielt die Stadt die Genehmigung, die Türe zuzumauern.

Im Jahre 1800 setzte eine Überschwemmung den verlassenen Saal einen Fuß hoch unter Wasser. Dieses Wasser verlor sich nur durch allmähliche Verdampfung. 1807 wurde das Kloster zur Kaserne gemacht; der Vizekönig ließ den Saal in einer des großen Namens

Lionardo würdigen Weise wiederherstellen. Unter der Gewaltherrschaft Napoleons war nichts Großes zu schwierig. Das Genie, das aus der Ferne um Italiens Kultur sorgte, wollte auch die Reste des Abendmahls der Unsterblichkeit erhalten und die nämliche Hand, die den Dichter des Ajax ins Exil schickte, unterzeichnete die Verfügung, kraft deren das Abendmahl in Originalgröße in Mosaik kopiert werden sollte. Es war das ein Unternehmen, das alles, was bisher in Mosaik versucht worden war, übertraf und das nahe seiner Vollendung war, als der Stern Napoleons über Italien zu strahlen aufhörte.

Zu dieser künstlerischen Mosaikarbeit war zunächst eine Kopie des Originals nötig. Der Fürst übertrug die Arbeit Bossi. Wenn man die Kopie in der Certosa von Pavia und die in Castellazo betrachtet, gewinnt man eine hohe Meinung von dem Vertrauen, das dieser Maler am Hofe des Fürsten Eugen genoß.

14
Auszug aus dem Tagebuch des Sir W.E.[28]

6. Januar 1817.

.... Ich komme eben von der Besichtigung der Abendmahlskopie des verstorbenen Guiseppe Bossi[29] in der Werkstatt Rafaellis.[30] Es ist ein großes Bild ohne Geist.

Die Farbenstimmung ist der des Originals entgegen. Die dunkle, majestätische Art Lionardos paßte besonders zu dieser Szene, die Nachbildung des Mailänder Künstlers hat ein grelles Kolorit, ist zu reich an Licht, weichlich, viel zu verschwommen und charakterlos. Gewiß wäre sie in einer Kirche wirkungsvoller als das Original; sie würde in die Augen fallen, aber doch schließlich nur von Toren bewundert. In einer Galerie wird Bossis Abendmahl jederzeit mißfallen. Was insbesondere den Ausdruck anbelangt, so mache ich

---

[28] Es ist Stendhals Eigentümlichkeit, häufig derartige fingierte Zitate seinen Werken einzufügen

[29] G. Bossi (1777–1815), Maler und Gelehrter (Danteforscher), veröffentlichte unter anderem (1810) ein Prachtwerk »Del Cenaclo di Lionardo da Vinci«

[30] Berühmter römischer Mosaikkünstler, von Napoleon nach Mailand berufen. Das Abendmahl in Mosaik ist jetzt bei den Kapuzinern in Wien

mich anheischig, an jeder Figur eine Menge Geschmacklosigkeiten nachzuweisen. Trotz der großen Linien finden sich allerlei kleinliche Schwächen. Judas ähnelt Heinrich dem Vierten, seine vorgeschobene Unterlippe verleiht ihm einen gewissen Ausdruck der Güte, die insofern zu groß ist, als sie von der Intelligenz nicht übertroffen wird. Dieser Judas ist ein gutmütiger bedächtiger Mensch, dessen Unglück es ist, rotes Haar zu haben. Ohne Hinzufügungen würden ein gewisser Polizeikommissar oder ein gewisser Gesandter in Rom bessere Judas–Modelle abgeben.

Die Landschaft hinter dem Kopf des Christus hat mir sehr gefallen, sogar ehe ich ihr natürliches Grün bemerkte. Aber ein Christuskopf des Guido Reni, den ich im Atelier Rafaellis fand, wirkte auf mich wie eine niederschmetternde Kritik des Bossischen Bildes.

Ehe ich nach dem Kloster delle Grazie gegangen bin, habe ich dem Rate Henri (Beyle)'s zufolge die Kopie zu Castellazo, zwei Milien von Mailand entfernt, die Kopie in der Certosa di Pavia, die von Bianchi in der Ambrosiana, den Karton von Bossi und die Mosaikkopie Rafaellis besichtigt. Ein geistreicher Gang von der sauberen Technik bis zum Erhabenen. Ich zweifle nicht, daß ich ohne diese Steigerung vom Originale Lionardos nichts verstanden hätte.

Am meisten hat mich die Kopie zu Castellazo ergriffen. Auch sie findet sich im verwahrlosten Refektorium eines aufgehobenen Klosters, aber ganz nahe an einem Fenster und im vollsten Tageslichte. Ich habe vor dieser Kopie des Marco d' Oggionno dreihundert Jahre nach ihrer Entstehung gestanden und, abgesehen von ein paar gewaltsam verdorbenen Stellen, kann man auf ihr die Pinselstriche nachzählen und die Züge darauf sind noch so frisch, als ob sie gestern gemalt seien. Zum Beispiel sind die Augen des Thomas brillant in der Farbe und von der schönsten Klarheit. Marco d' Oggionno hat nur die Köpfe sorgfältig gearbeitet. Der Bartholomäus ist ein überaus schöner Mann und der Ausdruck des Christus ist herzergreifend. Er ist voll Betrübnis, daß die Menschen so erbärmlich und über seine augenblickliche Gefahr so gar nicht aufgeregt sind. Vor der Freske von Castellazo ist die Zeichnung von Matteini entstanden, die dem Stiche Morghens zugrunde liegt.[31]

15.
Von der historischen Treue.

Einen Vorwurf hat man Lionardo gemacht. Zweifellos haben Christus und seine Jünger ihr Mahl auf Triklinien lagernd eingenommen und nicht an einer Tafel gesessen, wie es heutzutage Brauch ist. Aber Lionardo ist ein großer Künstler, genug, er braucht kein Gelehrter zu sein.

Genau so ist es mit der historischen Treue auf der Bühne. Wenn die Trachten und Sitten, die wir durch die Geschichtsforschung kennen, auch dem gewöhnlichen Zuschauer vorgeführt würden, so würde er nur überrascht und gestört werden. Je stärker sich die Mittel der Kunst an den Geist wenden, um so langsamer sprechen sie zur Seele.

Ein Spiegel darf sich nicht durch seine Färbung bemerkbar machen, er soll nur das Abbild, das er erzeugt, klar sehen lassen. Gelehrte Pedanten können sich freilich niemals enthalten, die Einfalt unserer Vorfahren zu ironisieren, die sich von den Darstellern eines Achilles und eines Cinna haben rühren lassen, wenn diese auch unter ihren Riesenperücken halb verschwanden. Solche Fehler sind nur vorhanden, wenn man sie zu sehen sucht.

Man verzeiht Shakespeare seine böhmischen Seehäfen, dieweil er die Regungen der Seele mit einer Tiefe schildert, die das erstaunliche geographische Wissen eines Dussault, Nodier oder Martin aufwiegt.

Selbst wenn das Zeremoniell bei antiken Gastmählern so allgemein bekannt gewesen wäre, wie es unbekannt gewesen ist, so würde Lionardo es dennoch verworfen haben. Poussin, der bekann-

---

[31] Von Marco d'Oggionno, einem Schüler Lionardos, existieren mehr als ein halbes Dutzend Kopien des Abendmahls, in der Ermitage zu Petersburg, im Louvre, in der Brera, im Ospedale Maggiore in Mailand u.s.w. Für den Wert dieser Kopien spricht am besten der Umstand, daß ein »Heiland der Welt« von Marco d'Oggionno (in der Galerie Borghese in Rom) drei Jahrhunderte hindurch für ein Meisterwerk Lionardos gehalten worden ist

te große Maler, hat ein Abendmahl gemalt, auf dem die Apostel auf Triklinien lagern. Halbgebildete, die stolz auf ihr bißchen Wissen sind, loben es, aber wer weiß im allgemeinen etwas von dem Vorhandensein dieses Gemäldes?[32] An den Gestalten darauf sieht man nichts, als die außerordentliche Schwierigkeit der Verkürzungen. Der überraschte Beschauer wirft ein paar Worte über die Tüchtigkeit des Malers hin und geht weiter.

Wenn wir eine Vision von Christi letztem Abendmahl mit aller Realität seiner jüdischen Begleitumstände hätten, so würden wir vor Überraschung nicht daran denken, gerührt zu sein. Die großen italienischen Maler haben als geistvolle Menschen das Lächerliche an alten Sitten uns vorenthalten.

16.

Lionardo zersplitterte sich in seinen Studien, für das Kolossalpferd, für das Abendmahl, für die Regulierung und Schiffbarmachung der Adda. Aus einer Aufzeichnung von damals erfährt man, daß der liebenswürdige Salai mit ihm war. Er war sein Lieblingsschüler, sein creato, wie man ihn damals nannte. Lionardo, selbst ein schöner Mann, der durch seine Urbanität und Eleganz hervorragte, war für die ihm verwandte Anmut Salais empfänglich. Er hat ihn bis zu seinem Tode um sich gehabt und der schöne Schüler diente ihm als Modell zu seinen Engelgestalten.

Inzwischen begann Ludovicos Stern zu bleichen. Die Unkosten eines hartnäckigen Krieges im Verein mit den Ausgaben eines üppigen Hofes erschöpften seine Kassen. Die großen Unternehmungen gerieten aus Geldmangel ins Stocken.

Eine wichtige Angelegenheit war für Lionardo der Bronzeguß des Reiterbildes, dessen Modell er vollendet hatte. Zu diesem Bildwerke, das eine Höhe von siebeneinhalb Metern hatte, wären ungefähr für zweihunderttausend Lire Bronze nötig gewesen. Und ich glaube, bei dieser Berechnung handelte es sich nur um das Pferd. Eine solche Ausgabe hätte die damaligen Mittel Ludovicos weit überstiegen, ist doch ein Brief Lionardos an Ludovico vorhanden, aus

---

[32] Im Louvre

dem hervorgeht, daß dieser ihm das Gehalt von zwei Jahren schuldig blieb.[33]

Ludovico ging mutig zugrunde. Mitten in den letzten Zügen seiner Politik veranstaltete er täglich in seinem Schlosse literarische Zusammenkünfte wie in seinen glücklichsten Tagen. Ich ersehe aus einer Widmung des Fra Luca Paciolo, daß ein wissenschaftliches Duell, wenn ich diesen Ausdruck gebrauchen darf, noch am 8. Februar 1499 im Schlosse stattgefunden hat, und daß Lionardo dabei zugegen war. Derselbe Fra Paciolo berichtet uns, daß Lionardo nach der Vollendung seines großen Abendmahlsbildes und seiner Abhandlungen über die Malerei sich ganz und gar der Physik und Mechanik zuwandte. Er habe überhaupt nur noch ein einziges Mal vor dem Sturze Ludovicos gemalt, und zwar die schöne Cecilia Gallerani. An diesem kostbaren Bildnis[34] kann man erkennen, daß die kolossalen Verhältnisse des Abendmahlsbildes Lionardo von dem trockenen Stil des Verrocchio geheilt hatten; man findet in ihm nicht mehr jenen kleinlichen und infolge davon etwas kalten Stil, der in seinen Jugendwerken vorwaltet.

Als Ludovico sah, wie seine Angelegenheiten entschieden eine schlimme Wendung nahmen, machte er Lionardo, auf dessen Wohl bedacht, durch einen seiner letzten Regierungsakte, da er kein bares Geld mehr hatte, am 26. April 1499 ein Geschenk in Gestalt eines Weingartens nahe an der Porta Vercelliana; bald darauf, im Juli, kam Ludwig der Zwölfte mit einer mächtigen Armee von den Alpen herab. Der Herzog von Mailand mußte ohne Mittel und ohne Soldaten nach Tirol fliehen. Das Tonmodell jenes Reiterstandbildes, an dem Lionardo sechzehn Jahre lang gearbeitet hatte, diente den Gascogner Bogenschützen als Zielscheibe und ging in Stücke. Alles, was Lionardo in der Zitadelle, dem damaligen herzoglichen Schlosse, gemalt hatte, verfiel dem nämlichen Schicksal.

Ludovico wandte sich, überall um Hilfe bettelnd, gegen Frankreich. Der deutsche Kaiser Maximilian und die Schweizer gewährten ihm endlich einige Truppen, die im Verein mit den Mailändern, die der französischen Willkür sehr überdrüssig, sich um seinen

---

[33] Vgl. diesen Brief bei Herzfeld »Lionardo« Seite 183
[34] Die »mailändische Prinzessin« in der Ambrosiana, vgl. Seite 57

Thron scharten. Aber sein Glück war von kurzer Dauer; dieselben Schweizer, die ihm zu Hilfe gekommen waren, lieferten ihn im April 1500 an den Marschall de La Trémonille aus, und Ludwig der Zwölfte ließ ihn in der Burg von Loches sterben (1510).

Es wäre zu umständlich, Lionardos Leben während dieser Unruhen zu verfolgen. Wahrscheinlich verließ er Mailand bereits gegen Ende des Jahres 1499, hielt sich eine Zeitlang in Venedig auf und wandte sich dann, als er sah, daß die Franzosen nichts als Feste und Intriguen um hübsche Frauen pflegten, mit seinem geliebten Salai und seinem Freund, dem Geometer Fra Paciolo im April 1500 nach Florenz.

Der Gonfaloniere auf Lebenszeit Piero Soderini, derselbe, dessen Unfähigkeit Machiavelli in einem so gefälligen Epigramm

La notte che mori Pier Soderini
L' alma n' andò dell' inferno alla bocca:
E Pluto la gridò: anima sciocca.
Che inferno? Va nel limbo de' Bambini

ironisiert hat, machte ihn mit einem anständigen Gehalt zum Maler seines Hauses.

17.
Lionardo nach der Rückkehr nach Toscana

Bei seiner Rückkehr in seine Heimat fand Lionardo einen gefährlichen Nebenbuhler in dem jungen Michelangelo, der damals sechsundzwanzig Jahre alt war. Es erscheint seltsam, wenn man in der Tribuna zu Florenz eine *Madonna* von Michelangelo Buonarotti[35] neben Lionardos *Enthauptung Johannes des Täufers*[36] sieht. Aber das geniale Feuer des Bildhauers überwand die Schwierigkeiten mit einer Art Raserei, die den Amateuren gefiel. Sie zogen Michelangelo, den schnellen Arbeiter, Lionardo, dem ewigen Versprecher, vor.

Lionardo fand bei seiner Ankunft, daß die Serviten die Malerei für den Hauptaltar ihrer Kirche Santa Annunziata dem Filippino

---

[35] Nummer 1139 »heilige Familie«
[36] Nummer 1135, heute dem Bernardino Luini zugeschrieben

Lippi übertragen hatten. Er gab zu verstehen, daß er diese Arbeit übernehmen möchte. Filippino trat zurück und die Mönche nahmen Lionardo mit seinem ganzen Gefolge in ihr Kloster auf, um seinen Eifer zu erhöhen. Lange Zeit wohnte er dort, gab ihnen aber nichts als Versprechungen. Endlich entstand der Karton zur *Heiligen Anna Selbdritt*. So durchaus göttlich er ist, so nützte er den Mönchen, die ein Altargemälde haben wollten, gar nichts; sie mußten schließlich wieder Filippino rufen.

Maria, die auf den Knieen ihrer Mutter sitzt, neigt sich lächelnd herab, um ihr Kind, einen Knaben, der mit einem Lamm spielt, in die Arme zu nehmen.[37] Die Heilige Anna Selbdritt, ein Gemälde voll Zartheit und sanfter Heiterkeit, ist in meinen Augen der treue Abglanz von Lionardos Charakter. Das Bild steht mit einer Anzahl von Kartons und Gemälden in Beziehung, die von Luini, Salai und anderen, zum Teil auch von Lionardos eigener Hand herrühren.

In Florenz hatte wie überall der Kampf zwischen Kraft und Anmut nur einen zweifelhaften Ausgang. Man braucht nur ehrlich zu sein, um Angst vor den Redensarten Bossuets zu haben, aber man muß Seele haben, um an Fénelon Geschmack zu finden. Überdies will ich zugeben, daß die Lebensweise, die Lionardo in Florenz führte, indem er sich frei beschäftigte, bald mit mathematischen Dingen, bald mit der Malerei, unendlich verschieden von der starren und hitzigen Ausnutzung war, mit der Michelangelo jedweden Augenblick dem Schwierigsten in der Kunst widmete.

Das Ungestüm Michelangelos kam nur in seiner Werkstätte zum Vorschein. Sein übriges Leben war in seinen eigenen Augen nur etwas Nebensächliches. Lionardo hingegen gestatteten seine Anmut und sein ruhigerer Charakter, jederzeit liebenswürdig zu sein und in alle seine Handlungen wie in alle seine Werke Anmut zu legen. Es beweist aber den guten Geschmack der Florentiner, diesen liebenswürdigen Menschen nicht vorgezogen zu haben.

Anstatt große Bilder auszuführen, beschäftigte sich Lionardo damit, die hübschen Damen der Gesellschaft zu malen, zunächst *Ginevra dei Beni*, die schönste Florentinerin, deren hübsches Gesicht auch

---

[37] Die Monarchie hat uns viel empfänglicher für das Anmutige gemacht, als man es zu Florenz, in der sterbenden Republik war. (Stendhal.)

eine der Fresken von Ghirlandajo ziert, dann *Mona Lisa*, die Gattin des Francesco del Giocondo. Während er in seinem Atelier diese hübschen Modelle empfing, vereinte Lionardo, der es gewohnt war an einem galanten Hofe zu glänzen und der seine eigene Liebenswürdigkeit zu genießen liebte, alles was en vogue war und die besten Musiker. Er persönlich war von einer prickelnden Heiterkeit und bot alles auf, Sitzungen bei ihm zu einem Vergnügen zu gestalten; er war sich bewußt, daß ein gelangweiltes Aussehen alles Sympathische fernhält, und er sucht doch die Seele viel mehr als die äußeren Züge seiner reizenden Modelle. Vier Jahre lang arbeitete er am Bildnis der Mona Lisa, das er niemals als vollendet ausgab und für das Franz der Erste trotz aller seiner pekuniären Verlegenheiten fünfundvierzigtausend Franken zahlte.

Aus dem Lächeln der Mona Lisa kann man den wahren Charakter Lionardos schöpfen. Es ist übrigens eigenartig, daß diese hübsche Frau keine Augenbrauen hat.

Nach dem Sturze von Ludovico fand Lionardo jenes Leben nicht wieder, das für einen Künstler so notwendig ist, sobald die Ereignisse der Jugend seinen Geist geformt haben.

Cesare Borgia ernannte ihn zum Oberingenieur seiner Armee. Die Ausübung dieser Stellung, die unter einem so regen Fürsten nichts weniger als beschäftigungslos war, führte Lionardo auf Reisen. Seine Manuskripte aus dieser Zeit zeigen zur Genüge seinen unersättlichen Wissensdrang und seine rastlose Arbeitslust, wie sie sich eigentlich mit einer leidenschaftlichen Seele nicht vertragen.

Wir finden ihn beispielsweise am 30. Juli 1502 in Urbino, wo er einen Taubenschlag, eine bemerkenswerte Treppe und die Burg zeichnete. Am 1. August entwirft er in Pesaro gewisse landwirtschaftliche Maschinen, am 8. verweilt er in Rimini, wo er von der Harmonie der Wasserstrahlen des öffentlichen Brunnens überrascht ist; am 11. zeichnete er in Cesena ein Haus und beschreibt einen zweirädrigen Wagen und die Art und Weise, wie die Einwohner die Weintrauben wegschaffen. Am 1. September zeichnet er den Hafen von Cesenatico. In Piombino beobachtet er aufmerksam die Hin- und Herbewegung der Wellen im Meere und der Brandung am Gestade. In Sienna beschreibt er eine seltsame Glocke.

Vielleicht war es bei der Rückkehr von dieser Reise, als ihn seine Mitbürger durch einen besonderen Beschluß beauftragten, den großen Ratssaal im Palazzo vecchio, der zum Teil nach seinen Plänen neuerbaut worden war, auszumalen. Soderini setzte ihm ein Gehalt aus, Lionardo fing die Zeichnungen an; er bereitete die Mauer auf eine besondere Art vor, die Tünche hielt aber beim Malen nicht und Lionardo verlor die Lust. Man warf ihm Mangel an Sorgfalt vor. Beleidigt nahm er mit Hilfe seiner Freunde die ganze Summe, die er erhalten hatte, und brachte sie Soderini wieder, der sie zurückwies.

Das Sujet, das Lionardo im Wettstreit mit Michelangelo behandeln sollte und das diese beiden großen Männer beide nicht weiter als bis zum Entwurf gebracht haben, war die Schlacht von Anghiari, jener entscheidende Sieg, der die Republik vor der Macht Philipp Viscontis rettete, ein verhängnisvoller Sieg insofern, als er vielleicht die Einheit Italiens vereitelt hat.

Der Stern Lionardos erblich hier vor dem Michelangelos. Das war natürlich. Der Stoff entsprach ganz und gar dem Geiste Michelangelos. Ein Schlachtgemälde bringt nichts weiter als körperliche Kraft und Mut zur Darstellung, es wirkt durch das Schreckliche. Feinheit wäre darin unangebracht und Vornehmheit beeinträchtigte nur die Kraft. Es ist eine zügellose düstere Phantasie dazu nötig, die eines Giulio Romano, eines Salvator Rosa. Höchstens kann irgend ein junger Kämpfer, hingestreckt in der Blüte seiner Jahre, auf unser Mitleid zart einwirken. Ich weiß nicht, ob Lionardo seine Zuflucht in derartigen Episoden gesucht hat; sein Karton ging während der Florentiner Unruhen unter.

Was für ein herrlicher Stoff für den Pinsel eines Lionardo wäre auch *Angelika findet den Medor auf dem Schlachtfelde und läßt ihn zu dem Hirten tragen*, gewesen. Das Edle und Zarte eines solchen Sujets hätte Lionardo viel mehr gelegen, als die Darstellung leidenschaftlichen Wesens. Welches Glück wäre es für die großen Maler gewesen, wenn sie weniger die Bibel und besser Ariost und Tasso gekannt hätten.

18.
Lionardos Mißgeschick.

Die Erinnerung an diesen liebenswerten Menschen erregt eine zärtliche Anteilnahme, wenn man sich überlegt, daß von seinen drei größten Werken, dem Abendmahl, dem kolossalen Reiterdenkmal und dem Karton der Schlacht bei Anghiari nichts geblieben ist, um der Nachwelt Zeugnis von ihm abzulegen.

Solange diese Werke existierten, wagte sich kein berühmter Kupferstecher daran; erst viel später stach Edelinck eine einzelne Gruppe aus der Schlacht von Anghiari, aber nur nach einer Zeichnung, die Rubens nach dem Original gezeichnet hat. Das ist Virgil in der Übertragung der Madame de Stäel.

Ich will das Privatleben Lionardos nicht weiter verfolgen. Im Jahre 1504 verlor er seinen Vater. Im Jahre darauf verweilte er noch in Toskana, 1507 finden wir ihn in der Lombardei. Er schrieb da seinen Schwestern aus Canonica an der Adda, wo er ein Haus seines Freundes Francesco da Melzi, eines jungen Mailändischen Edelmannes, bewohnte.

Seine vornehme und zarte Seele floh in tiefer Abscheu vor dem Gewöhnlichen alles, was durch seine Häßlichkeit verletzen konnte. Er litt nur schöne und anmutige Dinge um sich. Francesco Melzi, schön wie Salai, schloß sich in gleicher Gesinnung an Lionardo an und folgte ihm etliche Jahre später an den französischen Hof.

Man berichtet, daß Lionardo oft mit seinen Lieblingsschülern zu wandern pflegte und Genuß darin fand, sich mit ihnen von den rührenden oder erhabenen Bildern entzücken zu lassen, die in seiner geliebten Lombardei die Natur auf Schritt und Tritt darbietet. Alles war Glück für ihn »bis zur düsteren Lust im schwermütigen Herzen ...« wie Lafontaine sagt.

So näherte er sich eines Tages mit der Neugierde eines Kindes jenen großen Käfigen, in denen die Händler schöne Vögel zum Verkauf ausstellen. Nachdem er sie lange betrachtet und mit seinen Freunden ihre Anmut und Farbenpracht bewundert hatte, konnte er sich von ihnen nicht entfernen, ohne die schönsten gekauft zu haben. Er nahm sie eigenhändig aus dem Käfig und schenkte ihnen die Freiheit. Was für eine weiche Seele und dabei was für eine Anbetung der Schönheit!

Wahrscheinlich beschäftigte er sich bis 1509 mit der Regulierung der Adda, die seine Arbeit auf eine Strecke von 200 Milien schiffbar gemacht hat. Auf keinem Gebiete fand er einen Reiz darin, bekannte Dinge zu vollbringen. Seine Kunst wuchs mit der Größe der Schwierigkeiten.

Am Rande des Entwurfs zu einer Schleuse, die noch heute in Gebrauch ist, finde ich das Datum 1509. Um diese Zeit war die Lombardei in den Händen von Ludwig dem Zwölften. Seine Truppen errangen (am 9. Juli 1509) unweit der Adda und des Zufluchtsortes Lionardos den berühmten Sieg bei Agnadello. Man berichtet, Lionardo habe ein Reiterdenkmal des siegreichen Feldherrn, des Giovanni Jacomo da Trivulzio geschaffen.[38]

Der gute Ludwig der Zwölfte entschädigte Lionardo für seine Wasserbauten, indem er ihn am Ertrage seiner Arbeit selbst teil haben ließ; er schenkte ihm zwölf Zoll der Wasserkraft und zwar ausnutzbar im großen Kanal bei San Cristoforo. Übrigens hatte Lionardo den Titel, *Maler des Königs* und bezog ein Gehalt.

Im Jahre 1510, in jenem Jahre, wo sein früherer Herr Ludovico sein Leben traurig beschloß, verweilte Lionardo in Mailand, gerade zur rechten Zeit, um den jungen Maximilian, den Sohn Ludovicos, wieder einziehen zu sehen, denselben Fürsten, dem er in seiner Kindheit einst ein Gebetbuch gemalt hatte. Dieser Triumph brachte nicht die geringste Entscheidung. In der Lombardei gab es nichts als Wirrwar, Rachsucht und Elend. »Ich reiste am 24. September 1513 mit Giovanni Francesco da Melzi, Salai, Lorenzo und Fanfoja von Mailand nach Rom ab«, berichtet Lionardo in seinen Manuskripten.

19.
Lionardo in Rom.

Die Künste triumphierten, als Leo der Zehnte auf den päpstlichen Thron erhoben wurde. Giuliano de Medici, der sich zur Krönung

---

[38] Auch dieses Reiterdenkmal (als Grabmal gedacht) ist wahrscheinlich über die ersten Entwürfe nicht vorgeschritten. Eine Kostenberechnung findet sich im Codex antlanticus, folio 179

seines Bruders nach Rom begab, nahm Lionardo mit dahin. Aber es ist ein Beispiel, wie Vorurteile, durch Intrigen erzeugt, oft selbst Fürsten von genialster Beanlagung beeinflussen, daß der liebenswürdige Leo der Zehnte an dem liebenswürdigen Lionardo da Vinci keinen Geschmack fand. Leo bestellte ein Bild bei Lionardo; der begann zunächst Kräuter zu destillieren, um einen Firnis daraus herzustellen, was den Papst zu der öffentlichen Bemerkung veranlaßte: »Ach, wir werden nie etwas von ihm haben, solange er damit beginnt, an das Ende eines Werkes zu denken, ehe er es noch angefangen hat!«

Lionardo erfuhr diesen Vorwurf und verließ Rom um so lieber, als er vernahm, daß Michelangelo ebendahin berufen wurde. In seinen Manuskripten findet sich übrigens der Entwurf zu einer Maschine, die er erfunden hat, um damit päpstliche Münzen zu schlagen und vollkommen rund herzustellen.

Sein philosophisches Leben und seine Art und Weise, seine Werke lange zu überlegen, paßten nicht an einen geräuschvollen Hof. Dazu war man durch den Feuergeist Julius des Zweiten gewohnt worden, auf künstlerischem Gebiete in Rom die größten Unternehmungen rasend schnell vollendet zu sehen. Dieser Fehler, der dem Throne eines alten Mannes meist anhaftet, wurde noch dadurch unterstützt, daß man zufällig eine Menge schnell entschlossener Männer wie Bramante, Michelangelo, Raffael hatte.

Lionardo schuf in Rom zunächst im Kloster von Sant' Onofrio, wo Tasso seine Zuflucht gefunden hat, eine Madonna,[39] die den Jesusknaben in ihren Armen hält, eine raffaelitische Freske, die jetzt an verschiedenen Stellen etwas verdorben und abgeblättert ist. Der Kassenverwalter Leos des Zehnten, Balthasar Turini, besaß zwei weitere Bilder von Lionardo aus dessen römischer Zeit.

Ein Werk aber von weit höherer Bedeutung ist die *Madonna in der Ermitage* zu Sankt Petersburg, eins der schönsten Gemälde, die in jenes kalte Klima gedrungen sind. Vielleicht ist es für Leo selbst gemalt worden.

---

[39] Die Madonna mit dem Stifter, neuerdings dem Schüler Lionaidos Boltraffio, von anderen dem Bramantino zugeschrieben

Was einen an diesem Gemälde fesselt, das ist etwas von der Art Raffaels, durch einen unendlich verschiedenen Genius wiedergegeben. Gerade Lionardo war einer, der keinen anderen nachahmte. Seine Individualität widerstrebte dem. Aber auf der Suche nach den Höhen der Grazie und der Majestät mußte er auf die Wege des Meisters von Urbino geraten. Wenn in ihm Drang nach dem Ausdrucke tiefer Leidenschaften und dem Studium der Antike gewesen wäre, so wäre ohne Zweifel ein Raffael aus ihm geworden. Bei *seiner* Entwickelung jedoch ist die *heilige Familie* in Petersburg meinem Gefühl nach das schönste Werk Lionardos. In einem unterscheidet es sich ganz besonders von den Madonnenbildern Raffaels, abgesehen von der außerordentlichen Verschiedenheit im Ausdruck, nämlich darin, daß es in allen Teilen allzu vollendet ist. Es fehlt diesem Bilde ein wenig die Leichtigkeit und Grazie in der technischen Ausführung. Das ist ein Fehler der Zeit. Selbst Raffael wird darin von Correggio übertroffen.

Was die moralische Seite der *Madonna der Ermitage* anbetrifft, so überrascht vor allen ihre Erhabenheit und hehre Schönheit. Aber wenn sich Lionardo mit diesem Bilde auch dem Stile Raffaels nähert, so hat er ihm andrerseits im Ausdruck nie entfernter gestanden.

Maria ist en face gemalt; sie blickt stolz auf ihren Sohn herab. Sie ist eine Gestalt, wie man sie der Mutter des Heilands großartiger selten gegeben hat. Das Kind, heiter und kräftig, spielt mit der Mutter. Hinter ihr, links vom Beschauer, sieht man eine lesende junge Frau. Diese ernste Gestalt trägt den Namen der heiligen Katherina; wahrscheinlich ist es ein Porträt der schönen Schwester Leos des Zehnten. Seitwärts steht der heilige Josef, der originellste Kopf des Bildes. Josef lächelt dem Kinde zu, indem er ein wenig ein Gesicht schneidet, aber voll der vollendetsten Anmut. Der Gedanke dabei ist echt lionardisch. Mit der Idee, einer heiligen Person ein fröhliches Gesicht zu verleihen, stand er seinem Jahrhundert sehr fern. Darin ist er der Vorläufer Correggios.

Der prächtige Ausdruck des heiligen Josefs mildert die Erhabenheit des übrigen Bildes und bannt auch die geringste Schwerfälligkeit und Langeweile. Ähnliche eigenartige Köpfe finden sich häufig bei den Nachahmern Lionardos, zum Beispiel in einem Gemälde von Luini in der Brera.

Neben dem Bilde Lionardos hing 1794 in der Ermitage eine heilige Familie von Raffael, ein schlagendes Gegenstück. Wie des Florentiners heilige Familie Majestät, Glück und Heiterkeit verkörpert, so die des Urbinaten Grazie und rührende Melancholie. Seine Maria, eine sehr jugendliche Gestalt, ist das vollendetste Abbild der Reinheit dieses zarten Alters. Sie ist in ihre Gedanken versunken, ihre linke Hand gleitet unmerkbar von ihrem Sohne, den sie auf ihren Knieen hält, herab. Josef hat seinen Blick dem Kinde mit einem Ausdrucke tiefster Trauer zugekehrt. Jesus will sich seiner Mutter zuwenden und wirft dem heiligen Josef noch einen Blick mit jenen Augen zu, deren Ausdruck zu malen nur Raffael gegeben war. Es ist eine Szene schweigsamer Zärtlichkeit, wie sie zarte und reine Seelen bisweilen genießen.

Ich möchte glauben, daß diese und andere – in den Galerien Doria, Barberini und Albani[40] in Rom befindliche – Bilder eher in Florenz, wo Lionardo mehrfach geweilt hat, als während seines kurzen Aufenthalts in Rom entstanden seien. Bei dem gegenwärtigen Stand unserer biographischen Kenntnisse hieße es allzu sehr in die Art Winckelmanns und anderer Historiker über die antike Kunst verfallen, wenn man die Entstehungszeit jedes einzelnen Bildes genau bestimmen wollte. Es handelt sich um einen Menschen, der frühzeitig groß war, unaufhörlich neue Bahnen versuchte, um die Vollkommenheit zu erreichen, und häufig seine Werke halbvollendet liegen ließ, wenn ihm Zweifel kamen, daß er ihnen nicht die höchste Vollendung geben könne.

20.
Lionardos anatomische Studien.

Ebenso exakte wie feinsinnige Ideen konnten in der Sprache des Quattrocento noch nicht zum Ausdruck gebracht werden. Aber wahrscheinlich war Lionardo in ein Gebiet der menschlichen Wissenschaft weit eingedrungen das selbst heutzutage noch in den

---

[40] Ein kurzes Kapitel, das diesen unechten römischen Bildern und dem angeblichen Selbstbildnis Lionardos in den Uffizien gewidmet ist, wurde bei der Übertragung weggelassen

Kinderschuhen steckt: der Kenntnis der menschlichen Seele und des engen Zusammenhanges der Leidenschaften, Ideen und Krankheiten.

Der gewöhnliche Maler sieht in den Tränen nichts weiter als ein äußeres Zeichen seelischer Schmerzen. Man muß in den Tränen eine Notwendigkeit, das heißt, die Notwendigkeit dieser Erscheinung erkennen, man muß die anatomische Folge des Schmerzes studieren von dem Augenblicke an, wo eine zarte Frau die Nachricht vom Tode ihres Geliebten erfährt bis zu dem Moment, wo sie in Tränen ausbricht. Man muß ganz genau beobachten, wie die einzelnen Teile der menschlichen Maschine arbeiten und die Augen zwingen, sich mit Tränen zu füllen. Darauf ging Lionardo aus. Der Wißbegierige, der die menschliche Natur von diesem Standpunkte aus studiert, sieht, wie häufig andere Maler einen Menschen im Laufe malen, ohne daß sie ihm Beine geben, mit denen er sich bewegen kann. Ich kenne nur zwei Schriftsteller, die dieser von Lionardo angeregten Wissenschaft kühn näher gerückt sind: Pinel und Cabanis. Ihre Schriften, voll hippokratischen Geistes, das heißt mit Tatsachen und mit aus ihnen richtig gezogenen Folgerungen, sind wissenschaftlich grundlegend. Die Phrasen der deutschen Gelehrten haben ihnen nur Beiwerk hinzugefügt.

Das ist das Gebiet, wie mir scheint, dem sich Lionardo sein ganzes Leben lang gewidmet hat, aber er hatte für dieses besondere Studium auch nur den Namen Anatomie, der Lehre von den Muskeln, in der Michelangelo ein Meister wurde. Die wenigen nackten Gestalten, die Lionardo hinterlassen hat, liefern hinlänglich den Beweis, daß ihn die eigentliche Anatomie nicht außergewöhnlich reizte. Im Gegenteil, man erkennt leicht seinen vorherrschenden Geschmack für das Studium, das alle Beobachtungen des Menschengeistes seit Urbeginn in seine Kreise zieht.

Eine köstliche Eigenliebe mußte rege Genüsse in diesem Gebiete der Entdeckungen finden. Ihre Klarheit erhob ihn himmelhoch über die angeblichen Philosophen seines Jahrhunderts, die um die Hirngespinste Platos und Aristoteles törichte Parteien bildeten und alte Albernheiten in neue Gewänder hüllten, ohne damit der Wahrheit nur einen Schritt näher zu kommen.

21.
Lionardos Ideologie.

Zwölf Jahrhunderte lang schmachtete der Menschengeist in der Barbarei. Da wagte mit einem Male ein junger Mann von achtzehn Jahren zu sagen: »Ich fange damit an, nichts von dem zu glauben, was man über alle Gegenstände der menschlichen Untersuchungen geschrieben hat. Ich will mit offenen Augen die Tatsachen genau beobachten und meinen Beobachtungen nicht das geringste zufügen.«

Darin lag die Bedeutung Bacons. Mag uns manches Ergebnis seiner Forschungen heute lächerlich erscheinen, die Geschichte der Ideen dieses, Mannes ist die Geschichte des menschlichen Geistes.

Nun, hundert Jahre vor Bacon, schrieb Lionardo da Vinci das nieder, was Bacons Größe begründet hat, nur hat er es leider nicht drucken lassen. Er hat unter anderem gesagt:

»Das Experiment ist der Dolmetsch zwischen der kunstreichen Natur und der menschlichen Spezies ...«

»Die Erfahrung irrt nie, es irren nur eure Urteile, die sich Dinge von ihr versprechen, die nicht in ihrer Macht sind. Mit Unrecht beklagen sich die Menschen über die Erfahrung, die sie mit den höchsten Vorwürfen beschuldigen, trügerisch zu sein. Aber lasset selbige Erfahrung nur stehen und kehret solche Lamentationen wider eure Unwissenheit, die euch voreilig veranlaßt, mit euren eitlen und törichten Wünschen euch von jener Dinge zu versprechen, die nicht in ihrer Macht sind, und zu sagen, jene sei trügerisch.«

»Beim Studium der Wissenschaften, die mit der Mathematik zusammenhängen, sind die, die nicht die Natur, sondern Autoren befragen, nicht *Kinder der Natur*, ich möchte sagen, nur *Enkel* der Natur. Sie allein ist die Führerin der großen Geister. Und doch, welche Torheit, man spottet über einen Menschen, der lieber von der Natur lernen will, als von Autoren, die doch auch nur ihre Schüler sind ...«

Solche Gedanken sind keineswegs zufällige Einfälle. Lionardo kommt häufig darauf zurück. So schreibt er anderswo:

»Aber erst werde ich einige Versuche machen, ehe ich weiter vorgehe, weil es meine Absicht ist, zuerst das Experiment vorzubringen, und dann mit der Ursache zu zeigen, weshalb jenes Experiment gezwungen ist, in solcher Weise zu wirken. Und dieses ist die wahre Art, wie der Erforscher der Wirkungen der Natur mit der Ursache beginnt und mit dem Experiment endet, wir müssen den entgegengesetzten Weg verfolgen, das heißt beginnen, wie ich oben sagte, mit dem Experiment und mit diesem die Ursache untersuchen ...«[41]

Wenn man Bacon liest, so findet man seine Sätze schwieriger; der Florentiner ist klarer. Auch geht Lionardo bei seinen Wahrheiten mehr in das einzelne, was bei dem englischen Philosophen so selten ist.

Die Schriften der Künstler des Quattrocento sind viel lesenswerter, als die der großen Schriftsteller. Letztere sind ungenießbar. Man wird einwenden, Lionardos Abhandlung über die Malerei verdiene dieses Lob nicht gerade. Ich sage: Man lese vergleichsweise die Abhandlungen Bacons. Lionardo ist mitunter gesucht geistreich, das heißt, er fällt in den Stil der schriftstellerischen Größen seiner Zeit. Im übrigen haben wir von der Schrift des großen Mannes über die Malerei nur einen Auszug, obendrein angefertigt von einem verständnislosen Handwerker. Im Jahre 1630 befand sich dieser Auszug in der Bibliothek Barbarini in Rom, 1640 ließ der Ritter del Pozzo eine Abschrift davon machen, wozu Poussin die Zeichnungen anfertigte. Dieses Manuskript Pozzos diente dann der von Raffael Dufresne im Jahre 1651 veranstalteten Ausgabe zur Grundlage. Es ist noch heutzutage mit den Zeichnungen Poussins in der Bibliothek Chardin zu Paris erhalten. Unter anderen hat der stümperhafte Bearbeiter den Abschnitt ausgelassen, der einen Vergleich der Malerei mit der Skulptur enthielt. Wie mag Lionardo dieses Sujet behandelt haben, wenn er die Wörter und Worte gefunden hat, seine Ideen auszudrücken.

---

[41] Diese Zitate aus Lionardos Manuskripten sind hier nicht nach der Stendhalschen, sehr freien französischen Übertragung, sondern nach der deutschen Übersetzung von Herzfeld, Seite 4 f., eingefügt

22.

Im Jahre 1515 folgte Franz der Erste Ludwig dem Zwölften auf den Thron, gewann die Schlacht bei Marignano und zog in Mailand ein, wo wir alsbald auch Lionardo vorfinden. Die Bekanntschaft dieser beiden liebenswerten Menschen kam in Pavia zustande; Lionardo hatte einen Löwen modelliert; dieser Löwe, der von selbst laufen konnte, ging bis zum Sessel des Königs vor, wo sich seine Brust öffnete, die mit Liliensträußen gefüllt war.

Franz der Erste ging dann in Bologna den berühmten Vertrag mit Leo dem Zehnten ein. Beide Fürsten waren so sehr gegenseitig miteinander zufrieden, daß beide auf Dinge Verzicht leisteten, die ihnen gar nicht gehörten. Wahrscheinlich befand sich Lionardo im Gefolge des Königs, der dem Papst gern zeigte, daß er Leuten von Geschmack zu gefallen verstand.

Bald darauf dachte Franz der Erste an seine Rückkehr nach Frankreich. Lionardo sah das Alter an sich herankommen, wo man aufhört schöpferisch zu sein. Die Aufmerksamkeit Italiens galt mehr und mehr zwei ihres Ruhmes würdigen jungen Künstlern. Gewohnt, allezeit die ausschließliche Bewunderung eines liebenswürdigen Hofes zu besitzen, nahm er den Vorschlag des Königs freudig an und verließ Italien, um nie dahin wieder zurückzukehren, gegen Ende des Januars 1516. Er war 64 Jahre alt.

Franz der Erste glaubte den Genius der Künste über die Alpen zu geleiten, als er den großen Mann mit sich nahm. Er verlieh ihm den Titel: *Maler des Königs* und setzte ihm ein Jahresgeld von 700 Talern aus. Im übrigen blieben seine Bitten, den Karton der *heiligen Anna Selbdritt*, den er mitbrachte, in einem Gemälde auszuführen, erfolglos. Lionardo wollte, der Sonne Italiens fern, nicht an Dingen arbeiten, die Enthusiasmus erfordern. Er hat kaum mehr als ein paar Pläne zur Kanalisation der Umgebung von Romovantino ausgearbeitet.

Die zärtliche Bewunderung für Franz den Ersten veranlaßt zu einer Betrachtung. Die Energie der Liga säte große Menschen. Ludwig der Vierzehnte, zu derselben Zeit geboren, verstand kaum ihre Werke. Er war nicht genial, er hatte nichts in sich als Eitelkeit, aber man spricht vom Jahrhundert Ludwigs des Vierzehnten. Franz der

Erste besaß die Eigenschaften, die jenem fehlten, und doch nennt man Ludwig den Vierzehnten den Beschützer der Künste.

Alles, was wir über den Aufenthalt Lionardos in Frankreich wissen, ist die Tatsache, daß er das königliche Schloß Cloux in der Touraine nahe bei Amboise bewohnte.

In seinem Testament (vom 18 April 1518) vermachte er alle seine Bücher, Instrumente und Zeichnungen Francesco da Melzi; Battista de Villanis, seinem servitore, das heißt seinem Diener, schenkte er zur Hälfte seinen Weingarten, den er vor den Mauern Mailands besaß, die andere Hälfte Andrea Salai, seinem anderen Diener, alles als Entgeld für treue und gute Dienste, die ihm beide geleistet hatten. Schließlich vermachte er Villanis auch die Wasserrechte, die ihm Ludwig der Zwölfte verliehen hatte.

Am 2. Mai 1519 starb Lionardo.

Folgenden Brief schrieb Melzi an die Brüder Lionardos:

»Ich glaube, Ihr seid schon unterrichtet vom Tode des Maestro Lionardo, Eures Bruders und mir soviel wie besten Vaters, wegen welchen Todes es mir unmöglich ist, daß ich den Schmerz ausdrücken könnte, der mich erfaßt hat, und solang als diese meine Glieder noch zusammenhalten, werde ich ein beständiges Unglück fühlen, und wohlverdientermaßen, weil ungeheuerste und wärmste Liebe er mir tagtäglich entgegenbrachte. Von jedermann wird der Tod eines solchen Mannes beklagt, dessen Gleichen nicht mehr in der Macht der Natur ist. Nun schenke ihm Gott die ewige Ruhe. Er ging aus diesem gegenwärtigen Leben hinüber am 2. Tage des Mai mit allen Tröstungen der heiligen Mutter Kirche und wohl vorbereitet...«

Der Brief schließt mit den lateinischen Worten: »Gegeben zu Amboise, am 1. Juni 1519. Antwortet mir gleich wie einem Bruder. Franciscus Meltius.«

Als Melzi sich nach Saint-Germain en Laye begab, um Franz dem Ersten den Tod Lionardos zu melden, weihte der König dem Andenken des großen Malers Tränen. Königliche Tränen!

23

Lionardo da Vinci war einer der fünf oder sechs großen Menschen, die ihre Seele der Menge durch die Farben geoffenbart haben; er wurde von Ausländern ebenso geliebt wie von seinen Landsmännern, von einfachen Privatleuten wie von Fürsten, in deren Umgebung er sein Leben verbrachte, und die ihm ihren vertrautesten Verkehr, ja ihre Freundschaft schenkten.

Niemals wird man vielleicht eine gleiche Vereinigung von Genie und Schönheit wiedersehen. Raffael nähert sich wohl seinem Charakter durch die unendliche Lieblichkeit seines Geistes und durch seine seltene Gefälligkeit. Aber der Maler von Urbino lebte viel mehr für sich. Er sah die Machthaber nur, wenn er dazu verpflichtet war. Lionardo fand Genuß darin, mit ihnen zu leben und das vergalten sie ihm, indem sie ihn Zeit seines ganzen Lebens mit großer Wohlhabenheit umgaben.

Um durch seine Werke so groß zu werden wie durch sein Genie, fehlte es Lionardo nur an einer einfachen Erkenntnis, die aber einer weiter vorgeschrittenen Gesellschaft als der des Quattrocento vorbehalten blieb; nämlich der, daß es einem Menschen nur gelingen kann, ein Großer zu werden, wenn er sein ganzes Leben einer einzigen Kunst weiht, oder vielmehr, – denn Erkenntnis ist nichts – es fehlte Lionardo eine tiefe Leidenschaft für irgend, eine bestimmte Kunst. Das Merkwürdigste dabei ist, daß er lange Zeit als die einzige Ausnahme zu der eben ausgesprochenen Wahrheit gegolten hat, die heutzutage jedermann anerkennt. Voltairè ist ein ähnliches Phänomen. Nachdem Lionardo Mailänder Kanäle angelegt, die Ursache von der Fahlheit des Mondlichtes und der blauen Färbung der Schatten entdeckt, das Kolossalpferd von Mailand modelliert, sein Abendmahlsbild und seine Abhandlungen über die Malerei und Plastik vollendet hatte, konnte er sich für den größten Ingenieur, den größten Astronomen, den größten Maler und Bildhauer seines Jahrhunderts halten. Jahrelang war er das alles tatsächlich. Aber Raffael, Galilei, Michelangelo erschienen nach und nach, kamen weiter als er, jeder in seinem Gebiete, und Lionardo da Vinci, eine der schönsten Blüten, deren sich die menschliche Gattung rühmen kann, blieb in keinem Fache der Größte.

Michelangelo.

Um Michelangelo richtig zu beurteilen, muß man sich in die Verhältnisse eines Florentiner Bürgers von 1499 zurückversetzen. Glauben wir doch weder an Astrologie, noch an Erscheinungen und Wunder. Seit der englischen Verfassung haben wir eine andere Gerechtigkeit und selbst die Attribute Gottes haben sich geändert. Wir kennen die antike Plastik und die Urteile von tausend geistvollen Männern über sie. Wir besitzen die Erfahrung dreier Jahrhunderte mehr.

Wären in Florenz die gewöhnlichen Leute schon auf dieser Höhe gewesen, wo hätte dann das Genie eines Buonarotti hingereicht? Einfache Gedanken von heute wären jedoch damals übernatürlich gewesen. Aber in Hinsicht auf das Herz, den inneren Schwung lassen die Männer jener seinen Zeit uns weit hinter sich zurück. Wir kennen den Weg, den man verfolgen muß, besser, aber die ältere Kultur hat unsere Kniee steif gemacht; wie jene verzauberten Fürsten in den arabischen Märchen verbrauchen wir uns vergeblich in unnützen Bewegungen und kommen doch nicht vom Flecke. Seit zweihundert Jahren hatte die angeblich gute Sitte die starken Leidenschaften geächtet und aus der Unterdrückung war schließlich eine gänzliche Vernichtung geworden; man fand sie nur noch auf dem Lande. Das neunzehnte Jahrhundert hat sie wieder in ihre Rechte eingesetzt. Wenn uns in unseren Tagen des Lichts ein Michelangelo beschert würde, wie groß könnte er werden! Welch ein Strom von neuen Empfindungen und Genüssen müßte von ihm ausgehen, wo die Allgemeinheit durch das Theater und die Romanliteratur so wohl vorbereitet ist. Vielleicht schaffte er eine moderne Plastik, vielleicht zwänge er diese Kunst, die Leidenschaften auszudrücken, wenn er sich überhaupt auf Leidenschaften einließe. Die seelischen Zustände auszudrücken, würde Michelangelo der Plastik zum mindesten beibringen. Das Antlitz Tankreds nach dem Tode der Clorinde, Imogene erfährt die Untreue des Posthumus, der sanfte Ausdruck der Herminia, als sie bei den Hirten ankommt, die verzerrten Züge Macduffs, als er die Erzählung von der Ermordung seiner Enkel verlangt, Othello nach der Ermordung der Desdemona, die Gruppe Romeo und Julia im Grabgewölbe, Ugo und Parisina hören ihr Urteil aus dem Munde Niccolos – erständen in Marmor und verdrängten die Antike auf den zweiten Platz.

Von allem dem wußte der Florentiner Künstler nichts. Für ihn war der Schrecken das stärkste Gefühl im Menschen, das ihn immer besiegt. Es wiederzugeben verstand Michelangelo dank seiner Überlegenheit in anatomischen Kenntnissen in hervorragender Weise. Weiter hinaus kam er nicht.

Wie konnte er ahnen, daß es eine andere Schönheit gab. Die Antike wurde zu seiner Zeit noch nicht allgemein verstanden. Um ihr Wesen bewundern zu können, ist athenische Urbanität nötig. Michelangelo sah sich ausnahmslos religiösen oder kriegerischen Stoffen gegenüber. Eine düstere Wildheit war die Religion seines Jahrhunderts.

Die mit dem Klima Italiens engverwachsene Lebenslust und sein Reichtum hatten den Fanatismus ferngehalten. Erst Savonarola trug diese schwarze Leidenschaft mit seinen reformatorischen Ideen in Florenz eine Zeitlang in alle Herzen. Dieser Neuerer machte vorzüglich auf starke Geister einen tiefen Eindruck und die Geschichte berichtet, daß Michelangelo sein ganzes Leben lang das schreckliche Bild des in den Flammen umkommenden Mönches in seiner Vorstellung nicht loswerden konnte. Er war der vertraute Freund dieses Unglücklichen gewesen. Seine eher starke als weiche Seele blieb unter dem Drucke der Höllenfurcht. Die Geister, die ganz anders als wir erzogen waren, unterwarfen sich diesem Gefühl. Einige Fürsten, einige Kardinäle waren Deisten. Aber die Gewohnheit der ersten Jugend hängt einem immer nach. Wir haben mit zwölf Jahren Voltaire gelesen. Das ganze Quattrocento war den edlen und geklärten Empfindungen fern, deren Ausdruck die Schönheit des neunzehnten Jahrhunderts geschaffen hat. Michelangelo ist der vortrefflichste Vertreter seines Jahrhunderts, aber die sanfte Kultur einer anderen Zeit ahnte er keineswegs.

Wie auch Dante bereitet Michelangelo keinen unmittelbaren Genuß, er beklemmt, er erdrückt die Einbildung mit der Wucht des Unglücks; es bleibt nicht genug Kraft übrig, um Mut zu haben; das Unglück füllt die Seele ganz und gar aus. Wenn man von Michelangelo kommt, erscheint einem die unbedeutendste Landschaft köstlich, sie befreit aus der Betäubung. Die Macht des Eindrucks hat sich fast in das Schmerzhafte gesteigert, erst mit seiner allmählichen Abschwächung stellt sich der Genuß ein.

***

Die Malerei, aufgefaßt als eine Kunst, die die Tiefen des Raumes oder die magischen Wirkungen von Licht und Farbe nachahmt, ist nicht die Malerei Michelangelos. Zwischen Paolo Veronese oder Correggio und ihm gibt es nichts Gemeinsames. Wie Alfieri verachtete er alle Nebendinge, alles in zweiter Linie Wertvolle und widmete sich einzig und allein der Darstellung des Menschen; und er malte ihn mehr als Bildhauer denn als Maler.

Es ist selten Sache der Malerei, ganz nackte Gestalten darzustellen. Sie soll die Leidenschaften durch den Ausdruck, durch die Physiognomie des darzustellenden Menschen, weniger durch die Form seiner Muskeln wiedergeben. Ihr Höchstes sind die Verkürzungen und die Farben der Stoffe.

Unsere Herzen müssen der Malerei zuschlagen, wenn sie zu allen diesen Zaubermitteln ihren mächtigsten Reiz hinzufügt, das Helldunkel. Ein schöner Engel würde kalt wirken, wenn sein Körper zur Augenlinse parallel und in seiner ganzen Oberfläche zu sehen wäre. Correggio läßt ihn verkürzt schweben und erzielt dadurch eine volle warme Wirkung. Noch erstaunlicher sieht man das an der *Verkündigung des Baroccio.* Der Hauptgrundsatz ist der: viel sehen in engem Raume.

Maler, die nicht eigentliche Maler sind, geben kopierte Plastik. Michelangelo verdiente diesen Tadel, wenn er bei dem Nichtgefälligen stehen geblieben wäre und nicht zum Schrecklichen weiter gegangen wäre. Überdies waren Gestalten, wie er sie in seinem jüngsten Gericht gemalt hat, vor ihm nirgends zu sehen.

Der erste Anblick jener ungeheuren Mauer, die völlig mit nackten Gestalten bemalt ist, befriedigt keineswegs. In der Natur hat unser Auge eine derartige Ansammlung niemals betroffen. Eine einzelne nackte Gestalt drückt die hehrsten Eigenschaften sehr wohl aus; im einzelnen vermögen wir die Form jedes Teiles zu betrachten und uns an ihrer Schönheit zu ergötzen. Ohne Zweifel ist eine schöne nackte Figur der Triumph der Plastik; auch für die Malerei ist dieses

Sujet noch ganz recht, über ich glaube nicht, daß ihr daran liegt, auf einmal mehr als drei oder vier Gestalten dieser Art vorzuführen.

Wenn aber eine schöne nackte Gestalt in uns keine hehre Empfindung erweckt, so erregt sie leicht die vergnüglichsten Gedanken. Die größte Feindin des Genusses ist die Indezenz. Überdies widmet der Betrachter seine Aufmerksamkeit dem Körperlichen auf Kosten der, die dem Seelischen gelten sollte.

Eine einzelne nackte Gestalt spricht wohl unbedingt das zarteste und köstlichste in unserer Seele an; eine Ansammlung von vielen nackten Gestalten aber hat an sich etwas Anstößiges und Rohes. Der erste Anblick des jüngsten Gerichts hat in mir ein Gefühl erregt, ähnlich wie es Katharina die Zweite am Tage ihrer Thronbesteigung empfunden hat, als sich ihr beim Eintritt in die Kaserne eines Garderegiments alle Soldaten halbnackt zeigten. Aber dieses Gefühl, das gewissermaßen instinktmäßig ist, ging schnell vorüber, weil der Verstand mir sagte, es ist unmöglich, daß sich die Handlung anders ereignen kann. Michelangelo hat sein Drama in elf Hauptszenen eingeteilt.

Wenn man sich dem Gemälde nähert, erkennt man zunächst, gerade dem Auge gegenüber, ungefähr in der Mitte, den Nachen des Charon. Links ist das Fegefeuer. Dann kommt die erste Gruppe: die Toten, durch die schrecklichen Posaunen aufgeweckt aus dem Staube der Gräber, schütteln ihre Leichentücher ab und werden wieder zu Fleisch. Etliche haben noch ihre entfleischten Knochen; manche, noch vom Schlafe so vieler Jahrhunderte bedrückt, sehen nur erst mit den Köpfen aus der Erde heraus; eine Gestalt, ganz im Winkel des Bildes, hebt mit Kraft den Stein ihres Grabes empor. Der Mönch, der mit der linken Hand nach dem schrecklichen Gericht hinzeigt, ist ein Selbstbildnis Michelangelos.

Diese Gruppe ist mit der nächsten durch Gestalten verbunden, die zum Weltgericht gehen; sie erheben sich mehr oder weniger rasch und mit mehr oder weniger Leichtigkeit, je nach der zu verbüßenden Sündenlast. Zwei Neger deuten an, daß das Christentum bis nach Indien gedrungen ist; eine Gestalt, nackt, berührt den Himmel mit einem Rosenkranz, eine ist als Mönch gekleidet. Unter den Gestalten dieser zweiten Gruppe, die zum Weltgerichte gehen, erkennt man eine erhabene Gestalt, die einem Sünder, der mitten in der verzehrenden Angst seine Augen dennoch mit einem Schimmer von Hoffnung Christus zuwendet, hilfreich die Hand reicht.

Die dritte Gruppe, zur Rechten Christi, setzt sich nur aus Frauen zusammen, denen die Seligkeit sicher ist. Eine einzige ist völlig nackt gemalt, nur zwei davon sind betagt, alle sprechen; nach unseren Begriffen ist nur eine wirklich schön, jene Mutter, die ihre erschrockene Tochter schützt und zu Christus in edler Zuversicht hinblickt. Auf dem Bilde sind nur diese beiden Gestalten ohne Anzeichen des Schreckens. Die Mutter erinnert in ihrer Bewegung etwas an die Gruppe der Niobe.

Über diesen Frauen ist die vierte Gruppe mit seltsamen Wesen in stürmischer Bewegung; es sind Engel, die im Triumph die Werkzeuge des Leidens Christi tragen. Ebensolche sind rechts im anderen oberen Felde als fünfte Gruppe zu sehen.

Darunter, zur Linken des Heilands, erblickt man die Schar der Seligen, alles Männer. Man erkennt die Gestalt des Enoch. Verschiedene Paare umarmen sich, Verwandte, die sich wiedererkennen. Was für ein Augenblick! Sich wiederzusehen nach so vielen Jahrhunderten und zu einem Zeitpunkt, wo man eben einem solchen Unheil entronnen ist. Es ist natürlich, daß Geistliche diese Art Freude getadelt haben, weil sie in ihr ein verwerfliches Motiv argwöhnten. Die letzten dieser Gruppe, Heilige, zeigen die Werkzeuge ihrer Martern den Verdammten, um ihre Verzweiflung zu vermehren. Die Bewegung in dieser Gruppe muß man besonders bewundern. Hier findet sich auch eine an Michelangelo sonst fremde Scherzhaftigkeit. Sankt Blasius, der den Verdammten eine Art Folterrad zeigt, augenscheinlich das Werkzeug seiner Martern, neigt sich über die heilige Katharina, die vollständig nackt ist und sich lebhaft zu ihm hinwendet. Daniele da Volterra, der das Gemälde auf Paulus des Vierten Befehl hin übermalt hat, hatte den besonderen Auftrag, der heiligen Katharina ein Gewand zu malen und den Kopf des heiligen Blasius dem Himmel zuzuwenden. Die siebente Gruppe genügte allein, um das Andenken an Michangelo für immer in das Gedächtnis des kältesten Betrachters einzugraben. Niemals hat ein andrer Maler etwas Ähnliches geschaffen und nirgends gibt es etwas Grausigeres zu sehen. Hier sind unglücklich Verdammte, die zur ewigen Pein durch abgefallene Engel weggeschleppt werden. Buonarotti hat die schwarzen Bilder, die Savonarolas feurige Beredsamkeit dereinst in seine Seele eingegraben hatte, in die Malerei übertragen. Zu jeder Hauptsünde hat er ein Beispiel ausgewählt. Daniele da Volterra hat die gräßliche Bestrafung der Sünden teilweise übermalt, am meisten gegen den rechten Rand des Gemäldes hin. Verleitet durch den Stoff, mit einer – durch das acht Jahre lange unaufhörliche Nachdenken über den für einen Gläubigen so grausigen Tag – in die Irre geratenden Phantasie wollte Michelangelo, gleichsam zur Würde eines Predigers erhoben, das Laster, das damals am meisten gang und gäbe war, auf die auffälligste Weise bestraft sehen. Das Schreckliche an dieser Verdammnis scheint mir das wahrhaft Erhabene zu erreichen.

Einer der Verdammten hat offenbar entfliehen wollen; er wird von zwei Dämonen fortgeschleppt und von einer riesigen Schlange gepeinigt. Allein diese Gruppe müßte einen Künstler unsterblich machen. Etwas Ähnliches gibt es nicht im geringsten weder bei den Alten noch bei den Modernen. Ich habe Frauen beobachtet, die acht Tage lang unter der eingebildeten Vision dieser Gestalten, die man ihnen erläutert hatte, litten. Es ist unnütz, über die wunderbare Ausführung zu sprechen. Der hier in den seltsamsten Verkürzungen und Stellungen dargestellte menschliche Körper muß die Maler aller Zeiten verzweifeln lassen.

Michelangelo hat die Annahme gemacht, daß die Verdammten, um zur Unterwelt zu gelangen, mit dem Nachen Sharons befördert werden müssen. Die Dämonen bedrängen sie auf alle Arten. Man bemerkt unter anderen eine vom Entsetzen gepackte Gestalt, der ein Teufel eine krumme Gabel in den Rücken gestochen hat und sie damit mit sich fortreißt.

Minos steht hier. Es ist die Gestalt des päpstlichen Zeremonienmeisters Biagio da Cesena, der Michelangelos Bild getadelt hatte. Er zeigt mit der Hand nach dem Orte, den der Unglückliche in den Flammen, die man in der Ferne sieht, bewohnen soll. Messer Biagio hat Eselsohren. Er steht, nicht ohne Absicht, ganz nahe der Bestrafung eines verruchten Lasters. Er hat ein niederträchtiges schauderhaftes Aussehen. Die Schlange, die seinen Körper zweifach umschlungen hat, beißt ihn grausam.

Das Ideal zu den Dämonen war kaum leichter zu finden, wie das des Apollo, und für die Christen des Quattrocento eindrucksvoller, als für uns.

Die Höhle, die links vom Nachen Sharons liegt, deutet das Fegefeuer an; in ihm ist niemand verblieben, als ein paar Teufel, die in Verzweiflung sind, daß sie niemanden zu schinden haben. Die letzten Sünder, die dort gequält worden, werden von Engeln hinweggeführt. Sie entkommen trotz der Dämonen, die sie zurückhalten wollen, und haben Michelangelo den Stoff zu zwei köstlichen Gruppen gegeben.

Oberhalb des grausigen Fährmannes schwebt die Gruppe der sieben Engel, die mit schrecklichen Posaunen die Toten erwecken. Bei ihnen sind einige Gelehrte, die den Auftrag haben, den Verdammten das Gesetz zu zeigen, daß sie verdammt, und den Auferstandenen die Satzungen, nach denen sie gerichtet werden.

Wir kommen endlich zur elften Gruppe. Jesus Christus ist dargestellt in dem Augenblick, wo er den schrecklichen Spruch verkündet. Der lebhafteste Schrecken erstarrt alles, was um ihn ist. Die Muttergottes wendet ihr Haupt ab und schauert zusammen. Ihr zur Rechten steht die majestätische Gestalt Adams. Angesichts der großen Gefahren voll von Egoismus denkt er nicht daran, daß alle jene Menschen seine Kinder sind. Sein Sohn Abel packt ihn am Arm. Links davon sieht man jene alten vorsündflutlichen Patriarchen, die ihr Alter nach Jahrhunderten rechnen und die das graueste Alter hindert, sich aufrecht zu halten.

Zur Linken von Christus steht Sankt Petrus, der seinem furchtsamen Charakter treu, dem Heiland bewegt die Himmelsschlüssel zeigt, die er ihm dereinst anvertraut hat; er zittert davor, nicht dahin zu kommen. Moses, der Kriegsheld und Gesetzgeber, blickt auf Christus in tiefer Erwartung, fest und unerschrocken. Die Heiligen, die darüber stehen, haben so natürliche, realistische Bewegungen, daß wir geradezu irgendein fürchterliches Ereignis zu vernehmen glauben.

Unterhalb Christus steht der heilige Bartholomäus, der ihm das Messer zeigt, mit dem er gemartert worden ist. Der heilige Laurentius trägt den Rost, auf dem er gestorben ist. Eine Frau, die unter den Schlüsseln des Sankt Petrus sitzt, scheint Christus seine Härte vorzuwerfen Jesus Christus ist keineswegs ein Richter, er ist ein Feind, der Genuß daran hat, seine Feinde zu verdammen. Die Geste seines Fluches ist so gewaltig, daß es aussieht, als wolle er eine Lanze schleudern.

Napoleon Bonaparte.

Aus dem Fragment *Leben Napoleons.*

Die öffentliche Meinung in Frankreich um 1794.

Ich empfinde eine gewisse weihevolle Stimmung, indem ich den ersten Satz zur *Geschichte Napoleons* niederschreibe; handelt es sich doch um den größten Menschen, der seit Julius Cäsar auf der Welt erschienen ist. Sogar auf die Gefahr hin, daß sich der Leser die Mühe gegeben hat, das Leben Cäsars bei Sueton, Cicero, Plutarch und in seinen Kommentaren zu studieren, wage ich zu behaupten, daß wir zusammen dem Leben des wunderbarsten Mannes, der seit Alexander erschienen, nachgehen werden. Und über diesen sind wir durchaus nicht hinreichend genug unterrichtet, um die Bedeutung seiner Feldzüge richtig würdigen zu können.

Ich hegte immer die Hoffnung, daß jemand von denen, die Napoleon persönlich gekannt haben, es unternehmen würde, sein Leben darzustellen. Zwanzig Jahre lang habe ich darauf gewartet. Aber schließlich, wo ich sehe, daß dieser große Mann mehr und mehr fremd wird, möchte ich nicht sterben, ohne das Urteil einiger seiner Waffengefährten über ihn überliefert zu haben, denn inmitten der allbekannten Oberflächlichkeit gab es in den Tuilerien, dem damaligen Mittelpunkte der Welt, doch Männer unabhängigen Geistes. Die uns von den Kinderjahren her noch anhaftende Begeisterung für die republikanischen Tugenden, die übertriebene und bis zum Haß gesteigerte Verachtung für die Handlungsweise der Fürsten, die man bekämpfte, und sogar für die einfachsten militärischen Traditionen ihrer Armeen, hatten in vielen unserer Soldaten von 1794 die Anschauung erzeugt, daß allein die Franzosen vernünftige Wesen seien. In unseren Augen waren die übrigen Europäer, die zur Erhaltung ihrer eigenen Ketten kämpften, nichts als mitleidswerte Toren oder Schurken, die sich an die uns angreifenden Despoten verkauft hatten. Pitt und Coburg[42] deren Namen im verklingenden Widerhalle der Revolution bisweilen jetzt noch genannt werden, erschienen uns als solche Hauptschurken und als Verkör-

---

[42] Der österreichische Feldmarschall Friedrich Josias von Coburg eroberte 1793 durch den Sieg bei Neermunden Belgien zurück

perung alles Verrats und aller Beschränktheit auf der Welt. Damals wurde alles durch eine tiefe Empfindung, von der ich heute keine Spuren mehr erkenne, beherrscht. Der Leser, der jene Tage nicht mehr aus eigener Anschauung kennt, mag sich aus den einschlägigen Büchern vergegenwärtigen, daß wir im Jahre 1794 keinerlei Religion hatten; unser ganzes inneres ernstes Empfinden gipfelte in einem einzigen Gedanken: dem Vaterlande nützlich zu sein.

Alles übrige, Kleidung, Nahrung, Vorwärtskommen waren in unseren Augen nur vergängliche und jämmerliche Nebendinge. Wie dabei eine Gesellschaft nicht bestand, gab es auch keine gesellschaftlichen Erfolge, etwas im Wesen unseres Volkes sonst sehr Bedeutsames.

Als Napoleon erschien und den fortgesetzten Niederlagen, einer Schuld der törichten Regierung des Direktoriums, ein Ende machte, sahen wir in seiner Diktatur nur den militärischen Vorteil. Er verschaffte uns Siege und wir beurteilten alle seine Taten nach den Grundsätzen der Religion, die seit unserer frühesten Kindheit unsere Herzen höher schlagen ließ; sie hatte für uns nur einen Inhalt: das Wohl des Vaterlandes.

Später sind wir diesem Glauben zuweilen untreu geworden, aber in allen wichtigen Angelegenheiten hat er doch, gleich wie es der Katholizismus mit seinen Gläubigen macht, immer wieder unsere Herzen erobert.

Anders erging es denen, die um 1790 geboren wurden und mit fünfzehn Jahren – 1805 –, als ihnen die Augen aufgingen, als erstes Schauspiel die federgeschmückten Samtbaretts der von Napoleon neugeschaffenen Herzöge und Grafen erblickten. Wir dagegen, wir *alten* Diener des Vaterlandes, empfanden nur Verachtung gegen den kindischen Ehrgeiz und die lächerliche Begeisterung dieser jungen Generation.

Und unter diesen Leuten, die sozusagen in den Tuilerien zu Hause waren, die nunmehr Wagen und auf ihrem Wagenschlag schöne Wappen besaßen, waren viele, die diese Dinge nur für eine Laune Napoleons und zwar für eine verwerfliche Laune hielten; die ruhigsten sahen darin eine für sie selbst gefährliche Phantasterei. Nicht einer von fünfzig glaubte an ihre Dauer.

Jene Männer, so ganz anders als das Geschlecht, das 1805 die Epauletten erhielt, fanden die Frische und das Glück der ersten Feldzüge in Italien von 1796 allemal erst wieder, wenn der Kaiser selber zur Armee kam.

Ich werde bei Gelegenheit berichten, mit welchem Widerwillen die 1804 bei Boulogne versammelte Armee die erste Verteilung von Kreuzen der Ehrenlegion aufnahm, dann werde ich vom Republikanertum und der Ungnade Delmas, Lecourbes und anderer zu erzählen haben. So fanden sich mitten in den Tuilerien unter den Männern, die Napoleon aufrichtig liebten, wenn man ganz unter sich zu sein glaubte, wohlgeborgen vor den Spioniererein Savarys, Leute, die keinen andern Maßstab für die Beurteilung der Handlungen des Kaisers anerkannten, als das Wohl des Vaterlandes. Solche Männer waren Duroc, Lavalette, Lannes und andere mehr, in erster Reihe hätten auch dazu gehört Desaix und Caffaielli=Dufalga, und es klingt seltsam, so einer war auch *er* selbst, denn er liebte Frankreich mit der ganzen Schwäche eines Liebenden.

Schilderung des Generals Bonaparte in Paris um 1795.

Eine geistreiche Dame, die mit Napoleon im April und Mai 1795 mehrfach zusammengekommen ist, war so gütig, ihre Erinnerungen aufzuzeichnen und mir nachstehende Schilderung zu übersenden:

Er war der magerste und eigenartigste Mensch, der mir je in meinem Leben begegnet ist. Nach der damaligen Mode trug er sein Haar an beiden Seiten des Kopfes übertrieben lang, so daß es ihm bis über die Schultern herabreichte. Man nannte diese Haartracht »Hundsohren«. Seine seltsamen, zuweilen etwas düsteren Italieneraugen vertrugen sich gar nicht recht mit diesem überlangen Haar. Anstatt den Eindruck eines Mannes voll Geist und Feuer zu haben, geriet man leicht auf den Gedanken, daß es ratsam sei, diesem Menschen bei Nacht im Walde nicht zu begegnen. Der Anzug des Generals Bonaparte war nicht dazu angetan, einen sicher zu machen. Sein Überrock war derartig abgetragen und sah so schäbig aus, daß ich anfangs kaum glauben wollte, dieser Mann sei ein General. Eins aber glaubte ich auf den ersten Blick, daß er ein bedeutender oder mindestens ein eigenartiger Mensch sei. Ich kann mich besinnen, daß ich die Empfindung hatte, im Blick ähnele er Jean-Jacques

Rousseau, der mir nach dem vorzüglichen Porträt Latours bekannt war.

Als ich diesen General mit dem sonderbaren Namen zum dritten oder vierten Male sah, verzieh ich ihm seine überlangen Hundsohren; ich sah in ihm einen Provinzler, der die Mode übertreibt, aber trotz dieser Lächerlichkeit seine Verdienste haben kann. Übrigens hatte der junge Bonaparte sehr schöne Augen, die beim Sprechen lebhaft wurden. Wenn er nicht abgemagert gewesen wäre, so daß er leidend und besorgniserregend aussah, hätte man die Feinheit seiner Züge wohl mehr beachtet. Besonders sein Mund hatte eine überaus graziöse Linie. Ein Maler aus der Schule Davids, der bei Herrn N... verkehrte, wo auch ich mit dem General zusammentraf, erklärte, daß seine Züge klassischen Schnitt hätten, was mir besondere Hochachtung für ihn einflößte.

Einige Monate später, nach dem Bendémiaire-Aufstande, erfuhren wir, daß der General der Madame Tallien, der damaligen Königin der Mode, vorgestellt worden war und daß er einen tiefen Eindruck auf sie gemacht habe. Wir waren davon keineswegs überrascht. Es war Tatsache, daß ihm nichts weiter fehlte, einen günstigen Eindruck zu machen, als etwas weniger jämmerlich angezogen zu sein. Dabei stellte man wahrhaftig in jenen Tagen gegen das Ende der Schreckenszeit keine besonders hohen Ansprüche an die Kleidung.

Ich kann mich noch entsinnen, daß der General sehr anregend von der Belagerung von Toulon erzählte, und daß uns überhaupt seine Unterhaltung in hohem Grade fesselte. Er sprach viel und redete sich in die Wärme hinein, aber an manchen Tagen war er auch wieder nicht aus einem dumpfen Stillschweigen zu erwecken.

Er galt für sehr arm und dabei war er stolz wie ein Grande. Er weigerte sich, als General in die Vendée zu gehen und aus der Artillerie auszuscheiden. »Sie ist meine Waffe,« wiederholte er uns oft. Es ist begreiflich, daß der General Bonaparte, der nichts als seinen Sold in Assignaten hatte, so arm war. Er war auch durchaus nicht militärisch, nicht im geringsten ein Haudegen oder ein grober Kommißsoldat. Ich glaube aber, man konnte aus den seinen vornehmen und doch so entschlossenen Linien seines Mundes herauslesen, daß er die Gefahr verachtete und sie ihn nicht aufzuregen vermochte.

Von der Kriegskunst.

Ich weiß wohl, das vorliegende Buch enthält nur allzuoft Schilderungen von Schlachten; aber wie könnte ich das vermeiden, wo unser Held doch seine Laufbahn in ihnen begonnen, wo die Freude am Feldherrnruhm und an kriegerischen Erfolgen seinen Charakter gebildet hat?

Diese Schlachtenschilderungen werden die Teilnahme des Lesers in höherem Maße erregen, wenn er sich die Mühe nimmt, den nachstehenden Gedankengängen zu folgen. Übrigens spricht man heutzutage in der Gesellschaft fortwährend vom Kriege. Und wenn auch in künftigen Zeiten um den Besitz einer Provinz keine Kriege mehr entstehen, weil es für das Gesamtwohl zu bedeutungslos ist, so wird man sich um die Einführung einer Verfassung oder einer bestimmten Regierungsform doch schlagen. Schließlich sind in unserem Jahrhundert der allgemeinen Heuchelei die soldatischen Tugenden noch die einzigen, die nur, wenn sie echt sind, Erfolge bringen können.

Das Wesen der Kriegskunst ist, wenn ich offen sein und keine großen Worte machen soll, sehr einfach zu erläutern: sie gipfelt für den obersten Heerführer darin, so zu hantieren, daß er auf dem Schlachtfelde jedem feindlichen Soldaten zwei seiner eigenen entgegenstellt. Dieser Satz besagt alles, er ist die einzige Vorschrift. Aber oft hat man nur zwei Minuten lang Zeit, sie zu betätigen. Darin liegt eine Schwierigkeit, zu deren Überwindung weder vorherige kluge Erwägungen, noch schön abgefaßte Berichte über die Lage das geringste beitragen. Es gilt lediglich: in zwei Minuten den richtigen Entschluß zu finden, häufig mitten im Getöse und in der Aufregung der Schlacht. Dem Marschall Ney strömte gerade unter solchen Umständen eine Fülle vernünftiger und energischer Gedanken zu; sonst sprach er wenig und schlecht, er erschien sogar oft schüchtern und verwirrt.

Begeisterung taugt sozusagen für die Leute, die ihr Leben nicht schonen dürfen; Begeisterung hat ein Kompagniechef nötig, der durch dick und dünn vorgehen soll. Für den obersten Feldherrn dagegen ist der Krieg ein Schachspiel.

Man stelle sich einmal den hohen Eckturm eines großen Schlosses vor; auf dem glatten Schieferdach, das ihn krönt, arbeitet ein Dachdecker, der ganz klein erscheint, weil er so hoch oben ist. Ein Sturz würde ihn zerschmettern. Da oben aber hat er ganz andere Dinge zu tun, als sich die nahe Gefahr zu vergegenwärtigen. Sein Geschäft ist es, die Schieferplatten gut aufzunageln, sie beim Einschlagen der Nägel nicht zu zersprengen, mit einem Worte, sie dauerhaft zu befestigen. Wenn er, anstatt seine Schiefertafeln sorgfältig festzunageln, dem Gedanken an die drohenden Fährlichkeiten Raum gibt, wird seine Arbeit nichts taugen.

So wird auch ein Feldherr, den nur im geringsten die Schwäche anwandelt daran zu denken, wie gefährdet sein Leben ist, seinem Schachspiel nur die halbe Aufmerksamkeit zuwenden können. Aber gerade er muß ganz bei der einen Sache sein, handelt es sich doch zugleich mit dem Anordnen großer strategischer Bewegungen darum, alle jene kleinen Zwischenfälle im voraus zu berücksichtigen, die, so geringfügig sie erscheinen, doch den Gang des Ganzen hemmen können.

Hierin liegt der Grund zu dem strengen Stillschweigen, das immer in der Nähe Napoleons waltete; es wird berichtet, daß man in den größten Schlachten, abgesehen von dem nahen oder fernen Kanonendonner, an dem Punkte, wo er sich befand, das Summen einer Wespe hätte hören können; man scheute sich zu husten.

Der Feldherr muß seinem Schachspiel die äußerste Aufmerksamkeit zuwenden und währenddem seine Natur bezwingen; er muß ein Schauspieler sein und die Wirkung seiner Komödie nach der Eindrucksfähigkeit derer bemessen, vor denen er sie aufführt.

Des großen Suwaroff bewundernswerte Eulenspiegeleien sind bekannt. Catinat, der einzige verständige General aus der letzten Zeit Ludwigs des Vierzehnten, bewahrte mitten im Feuer die Haltung des kühlen Philosophen. Freilich entspricht das der französischen Eigenart wenig. Die Soldaten dieses Volkes wollen durch einen sinnlichen, greifbaren Eindruck hingerissen werden. Ihr Führer muß ein glänzender Schauspieler sein wie der König Murat, – den Gros auf seinem Gemälde der Schlacht bei Eylau äußerst treffend dargestellt hat, – oder ein außerordentlicher Mensch, einzig in seiner Art, der mitten unter den goldstrotzenden Generalen im einfachen grauen Mantel ohne Rangabzeichen dasteht. Aber an diesem grauen Mantel haftet ebenso die Komödie, wie an den riesigen Federbüschen des Königs Murat, wie an der selbstbewußten Haltung jedes Husarenleutnants. In der Armee in Italien wurde einst sogar das kränkliche Aussehen des Obergenerals vergöttert.

Die Liebe ist den Äußerlichkeiten gegenüber, an die sie sich heftet, nicht anspruchsvoll; wenn sie einmal entflammt ist, genügt ihr das Eigenartige.

Unbedingt ist ein Feldherr von zweiundzwanzig Jahren mehr als ein anderer Mann fähig, in zwei Minuten die schwerstwiegenden Fragen zu entscheiden. Lebenserfahrung kann diese Fähigkeit nur vermindern, und es ist mir klar ersichtlich, daß Napoleon an der Moskwa und vierzehn Tage vor der Schlacht bei Dresden als Feldherr minder groß war als bei Arcole und Rivoli.[43]

Für den Kommandeur einer Division hingegen gipfelt die Kriegskunst darin, dem Feinde Abbruch zu tun, so viel er vermag, und dabei selber möglichst wenig Einbuße zu erleiden. Die Fähigkeit eines Divisionsführers wächst mit seiner Erfahrung und, wenn sein Körper nicht durch beschwerliche Leiden bereits zusammengebrochen ist, steht die Fähigkeit dazu vielleicht im fünfzigsten Lebensjahre auf ihrer Höhe.

Man begreift, wie ungereimt es ist, alte Divisionskommandeure zu Armeeführern zu machen. Diesen Hauptfehler hat Preußen bei Jena begangen. Kalkreuth, Möllendorf, der Herzog von Braunschweig, sie alle waren nichts weiter, als alte Divisionskommandeure. Um das Unglück voll zu machen, waren mehrere dieser alten Generale im Hofdienst ergraut, das heißt, sie hatten seit dreißig Jahren an jedem Tage ihres Lebens vor Augen gehabt, wie leicht der kleinste Umstand einem den Hals brechen kann.

Der erwähnte Grundsatz, dem Feinde möglichst viel Abbruch zuzufügen und selbst dabei möglichst wenig Schaden zu erleiden, ist allgemein giltig für jeden Führer, vom Divisionskommandeur bis

---

[43] Napoleon war zur Zeit des ersten Feldzuges in Italien siebenundzwanzig Jahre alt

hinunter zum jüngsten Leutnant, der einen Zug von fünfundzwanzig Mann führt.

Gesetzt den Fall, ein französischer General greift mit einem Korps von zwanzigtausend Mann zehntausend Österreicher an, so hat es wenig zu bedeuten, wenn die Österreicher ein paar Meilen vom Schlachtfelde entfernt ein zweites Korps von zwanzigtausend Mann stehen haben, falls diese Truppen bei dem angegriffenen Heeresteile erst zu einer Zeit eintreffen können, wo er bereits vernichtet ist.

Die Erfahrung lehrt zwar, daß tausend Mann, die sich des Erfolges sicher fühlen, zwei- und sogar viertausend Feinde überwinden, wenn diesen bei aller Tapferkeit des einzelnen die Siegeszuversicht fehlt. Ein Husarenregiment kann gut gelegentlich sechstausend flüchtige Infanteristen niedersäbeln. Sammelt aber ein kaltblütiger Führer diese Fliehenden hinter einer Hecke, läßt er acht bis zehn Bäume fällen und die Äste der attackierenden Reitermasse zukehren, so wird sie ihrerseits die Flucht ergreifen.

Aber diese Ausnahme ändert durchaus nichts an der Regel, daß die hauptsächlichste und man könnte sagen einzige Sorge jedes Feldherrn dahin zielen muß, dem Feinde auf dem Schlachtfelde in doppelter Stärke gegenüber zu treten.

In allen Fällen, wo Napoleon einen Flügel der feindlichen Armee über den Haufen gerannt hat, erreichte er es nur dadurch, daß er an dieser Stelle die doppelte Übermacht herzustellen verstand. Ebenso besteht die Schwäche jeder Flankenbewegung, – immer vorausgesetzt, daß die Truppen beider Gegner gleichgut ausgebildet und tapfer sind, – zunächst darin, daß die Armee, die einen Flankenmarsch ausführt, Gefahr läuft, eines ihrer Korps von beispielsweise achttausend Mann von sechzehntausend Feinden umringt zu sehen.

Die gleiche Lage kann beim Übergang aus der Verteidigung zum Angriff eintreten. Ein Armeeteil, der auf dem linken Seineufer von Paris bis Honfleur in der Verteidigung steht, wird achtzig bis hundert Posten von je hundert Köpfen oder fünf bis sechs Abteilungen zu je zwei- bis dreitausend Mann bilden. Um nun gegen ein beispielsweise von Chartres anrückendes Detachement die Offensive zu ergreifen, muß er sich erst zu einem Ganzen zusammenschließen. Wenn zu dieser Vereinigung jede der kleinen Abteilungen den kürzesten Weg einschlägt, nämlich den der Grundlinie, so führt offenbar die Armee, falls sie ihre Bewegung nur ein wenig zu spät antritt, geradezu einen Flankenmarsch unter den Augen des Feindes aus. Das gibt diesem aber die Gelegenheit, mit viertausend Mann über zweitausend herzufallen. Dabei ist es ohne Belang, daß fünf Meilen vom Schlachtfelde sechstausend Kameraden der zweitausend Überfallenen stehen; sie werden erst eintreffen können, wenn die zweitausend Angegriffenen bereits vernichtet sind, das heißt wenn zweihundert tot, sechshundert verwundet, vierhundert gefangen und die übrigen entmutigt, – militärisch ausgedrückt: demoralisiert sind.

Von diesem Gesichtspunkte aus war der General Mack in seinem Feldzuge gegen Championnet (1799) durchaus in seinem Recht. Als er von Neapel anrückte, um die Franzosen anzugreifen, bestand sein einziger Irrtum darin, daß er sich einbildete, *Soldaten* zu befehligen. Von diesem Irrtume abgesehen, griffen tatsächlich sechstausend Neapolitaner dreitausend Franzosen an. Mehr konnte kein Führer tun.

Nun bringt aber ein Umstand große Unklarheiten in alle militärischen Erörterungen; die modernen Sprachen besitzen nämlich nur ein und dasselbe Wort Armee und bezeichnen damit ebensowohl eine aus engem Räume, daß sie binnen einer Stunde kampfbereit ist, versammelte Armee, wie eine, die aus Verpflegungsrücksichten über einen Raum von zwanzig französische Meilen zerstreut liegt. Zum Beispiel würde man als eine Armee bezeichnen: hunderttausend Mann in so dichter Versammlung, daß davon ständen: zwanzigtausend Mann am Triumphbogen in Paris, vierzigtausend am Boulogner Wäldchen, zwanzigtausend in Boulogne selbst und zwanzigtausend in Auteuil. Ebenso richtig spricht man aber auch von einer Armee, wenn dieselbe Zahl von Soldaten in allen Ortschaften von Boulogne bis Rouen verstreut liegt.

Es leuchtet ein, daß letztere Armee erst dann eine Schlacht wird liefern können, wenn sie zusammengezogen ist. Um sie aber auf eine Fläche von zwei Wegstunden im Geviert – wie das Boulogner Wäldchen und seine Umgebung – zusammenziehen zu können, ist zweierlei nötig: 1. vierundzwanzig Stunden Zeit, 2. rechtzeitige Befehle des Oberbefehlshabers dazu, daß die Truppen entweder ihre Lebensmittel vorher fassen, oder daß alle vierundzwanzig

Stunden einhunderttausend Portionen jenem engen Raum zugeführt werden.

Aus diesem Grunde hat man, beiläufig gesagt, jederzeit ein sicheres Mittel, den Gegner zur Aufgabe irgend einer Stellung zu veranlassen, wenn man seine Magazinplätze angreift; ein solcher Platz der feindlichen Armee ist, was Mantua gegen Ende des Jahres 1796 für die Armee des Generals Bonaparte war: der Mittelpunkt aller Erwägungen.

Alle dreißig Jahre je nach dem Rezept, den Feind zu schlagen, dem die Mode gerade huldigt, wechseln die militärischen Fachausdrücke und es ist töricht zu meinen, einen großen Fortschritt gemacht zu haben, wo man nur neue Bezeichnungen eingeführt hat.

Wir sind heute in der Lage, Napoleons bewundernswerte Betrachtungen über die Feldzüge Hannibals, Cäsars, Turennes, Friedrichs des Großen und anderer zu studieren. Napoleon war seiner eigenen Anschauungen sicher genug, um sich frei und klar aussprechen zu können. Und gerade diese Betrachtungen zeigen, wie lächerlich alle Phrasen über die Kriegskunst größtenteils sind.

Aus dem Tagebuch eines Reisenden.

(1838.)

Nicht aus Egoismus fange ich mit *ich* an, sondern nur deswegen, weil es kein flotteres Mittel beim Erzählen gibt. Ich bin Kaufmann und habe während meiner Geschäftsreisen durch die Provinz – ich handle mit Eisen – den Einfall gehabt, ein Tagebuch zu führen.

Es gibt so gut wie keine Reiseschilderung von Frankreich und gerade dieser Umstand ermutigt mich, die vorliegende zu veröffentlichen. Ich habe die Provinz ein paar Monate lang beobachtet und schreibe ein Buch darüber, aber über Paris, wo ich seit zwanzig Jahren wohne, wage ich nicht zu plaudern. Paris zu kennen, erfordert ein lebenslängliches Studium und es gehört ein scharfes Auge dazu, wenn man durch die Mode hindurch den Dingen auf den Grund schauen will, die dort mehr als sonstwo die Wahrheit zu verschleiern fähig ist.

Die Mode vermochte im Zeitalter Ludwigs des Fünfzehnten alles. Aber in jenen Tagen gab es eine Schwierigkeit weniger, hinter die Wahrheit zu kommen; damals brauchte man sich keine Mühe zu geben, sich durch die gedrechselten Redensarten von ein paar Dutzend Schriftstellern, Leuten von viel Talent, die für ihre Lügen bezahlt werden, durchzuarbeiten.

In Paris drängen sich einem die Gedanken fix und fertig auf; man kann geradezu sagen, es ist, als ob einem die Mühe des Denkens erspart und nur das Vergnügen, etwas gut zu sagen, gelassen werden sollte. In der Provinz wird man von dem entgegengesetzten Unglück geplagt. Man kommt an einer reizenden Gegend, an einer Ruine, die das Mittelalter überraschend verkörpert, vorbei, aber leider ist niemand da, der einen darauf aufmerksam machte, daß da etwas Sehenswürdiges liegt. Der Provinzler preist seine Gegend, wenn sie für schön gilt, durchweg in übertriebenen und gedankenlosen Redensarten, die eine schlechte Nachahmung des Schwulstes Chateaubriands sind. Weiß er hingegen aus Zeitungsaufsätzen nicht, daß hundert Schritte von seinem Hause eine bezaubernde Landschaft ist, dann antwortet er einem auf die Frage, ob in der Umgegend etwas Sehenswertes sei: »Ach, es wäre ein leichtes, aus unseren hochstämmigen Waldungen jährlich hunderttausend Franken herauszuschlagen!«

Fontainebleau, 10. April 1837.

Endlich bin ich unterwegs. Ich fahre in einer guten Kalesche; es ist ein Gelegenheitskauf. Mein einziger Reisegefährte ist der treue Josef, der mich ehrerbietig um Erlaubnis fragt, mit mir sprechen zu dürfen, und der mich zur Verzweiflung bringt.

Von Verrières, wo es hübsche Holzungen gibt, bis Essones, war der Gedanke, der mich hauptsächlich beschäftigt hat, augenscheinlich ganz und gar egoistisch und sogar von ganz gewöhnlicher Art. Er lautete: Wenn ich wieder einmal in einem eigenen Wagen reise, dann nehme ich einen Diener mit, der kein Französisch versteht.

Das Land, das ich durchquere, ist schrecklich häßlich; der Horizont zeigt nur lange graue gerade Linien. Im Vordergrunde gänzlicher Mangel an Fruchtbarkeit, verkrüppelte, des Reisigs wegen bis auf den Stamm kahlgehauene Bäume; Bauern in armseliger Kleidung von blauer Leinwand. Dabei ists kalt. Und doch nennen wir das: *Das schöne Frankreich!* Ich kann höchstens sagen: Es ist schön in geistiger Hinsicht, es hat die Welt durch seine Siege in Erstaunen gesetzt, es ist das Land der Erde, wo die Menschen sich durch ihre wechselseitigen Beziehungen zu einander am wenigsten unglücklich machen. Aber selbst auf die Gefahr hin, den Leser vor den Kopf zu stoßen, muß ich gestehen, daß die Natur in die Seelen des nördlichen Frankreichs keine besonders lebendige Quelle des Glücks gelegt hat.

Die weise Regierung eines Königs, eines homme supèrieur, autorisiert nicht wie in England die Anmaßungen der Reichen den Armen gegenüber oder die Übergriffe und Ansprüche der Geistlichkeit wie zu den Zeiten Karls des Zehnten. »So ist dieser Ort,« – sagte ich zu mir, als ich Essones vor mir liegen sah, – »vielleicht der Winkel der Erde, wo die Regierung den Regierten am wenigsten wehe tut, ihnen die größte Sicherheit der Heerstraßen und, wenn sie Lust haben, sich untereinander zu streiten, die möglichste Gerechtigkeit zuteil werden läßt. Obendrein hält sie ihnen zur Belustigung die Nationalgarde und die Bärenmützen.

Die Gesprächsweise der Halb-Bürger-Halb-Bauern, deren Unterhaltung ich unterwegs hier und da zuhöre, ist vernünftig und trocken; in ihr liegt jene Mischung von Schärfe und Scherz, die das Fehlen großen Unglücks, zugleich aber auch den Mangel an tiefen Empfindungen kennzeichnet. In Italien findet sich dieser scherzhafte Ton nicht; dort gibt es dafür das wilde Schweigen der Leidenschaft, eine bilderreiche Sprache und bitteren Spott. Ich halte mich in Essones eine Viertelstunde bei einem unserer Korrespondenten auf und finde an ihm meine Beobachtungen bestätigt. Er glaubt, ich verweile hier, um ihm zu zeigen, daß ich diesmal in einer eigenen Kalesche reise. Er setzt mir vortreffliches Bier vor und spricht mit mir eingehend über die Wahlen. Indem ich meinen Wagen wieder besteige, frage ich mich, ob die Wahlen uns nötigen, der niedrigsten Volksklasse, wie in Amerika, den Hof zu machen. Wenn das so ist, dann bin ich geschwind Aristokrat. Ich will niemandem den Hof machen und dem Volke noch weniger als der Regierung.

Es fällt mir ein, daß im Mittelalter bei den Frauen ein Busen nicht Mode war und daß die, die unglücklicherweise einen hatten, Schnürbrüste trugen, um ihn so gut wie möglich einzuengen und zu verbergen. Der Leser wird es vielleicht ein wenig leichtfertig finden, daß ich an so was denke. Es ist jedoch nicht gesucht von mir, etwa um geistreich zu scheinen, Gott bewahre, aber ich bin für die Redefreiheit. Zwanzig Sekunden lang habe ich nach einem Bilde gesucht und kein passendes gefunden. Wenn meine Freimütigkeit einem Leser nicht gefällt, so ersuche ich ihn, das Buch zuzuklappen. Denn so zurückhaltend und förmlich ich im Geschäft und im Umgang mit meinen Berufsgenossen, den Geldmenschen, bin, so sehr will ich abends, wenn ich an diesem Tagebuche schreibe, schlicht und natürlich sein. Wenn ich da nur im geringsten heuchelte, wäre mein ganzes Vergnügen hin und ich schriebe besser gar nicht. Und das wäre doch schade! Soll unsere freimütige und unvorsichtige Fröhlichkeit, unsere französische Lebendigkeit unterdrückt und vernichtet werden durch die Notwendigkeit, einer Menge roher und fanatischer Arbeiter den Hof zu machen wie es in Philadelphia geschieht? Soll die Demokratie unseren angeborenen Charakter besiegen? Die Volksmasse steht nur zu Zeiten großer seelischer Bewegungen über der guten Gesellschaft, dann ist sie edler Leidenschaften fähig. Leute von guter Herkunft setzen aus Eitelkeit ihren Ruhm viel zu oft darein, ein wenig Robert Macaize zu sein. Erlaubte unsere Regierung solchen Personen, die Anlage zum Reden in sich fühlen, daß sie alle die, die Langeweile und kein Geld für das Theater haben, in einer Kapelle versammelten, so würden wir bald ebenso fanatisch und sauertöpfisch sein, als man es in New-York ist. Was sage ich? noch zwanzigmal mehr, denn es ist unsere Eigenart, alles übertrieben zu sein und zu betreiben. Und ist es nicht das größte Verbrechen gegen ein Volk, ihm die Fröhlichkeit seiner Feierstunden zu rauben?

Aber ich erlebe diese Verblödung des liebenswürdigen Frankreichs nicht mehr; erst gegen 1860 wird sie triumphieren. Wie bedauerlich, daß das Vaterland von Marot, Montaigne und Rabelais seinen natürlichen, sprühenden, zügellosen, neckischen, überraschenden Geist, der mit der Tapferkeit und der Sorglosigkeit so eng verwandt ist, verlieren soll! Schon trifft man ihn nicht mehr in der guten Gesellschaft an und in Paris hat er sich zu den Gassenjungen geflüchtet. Großer Gott! sollen wir Genfer werden?

Zu Essones wurde Napoleon im Jahre 1814 verraten.

Ehe man nach Fontainebleau kommt, gibt es eine Stelle, eine einzige, wo die Landschaft der Betrachtung wert ist, und zwar da, wo man mit einem Male zweihundert Fuß tief unterhalb der Landstraße die Seine erblickt. Das Tal liegt zur Linken, der Reisende befindet sich auf einer bewaldeten Anhöhe. Aber leider fehlen da die zweihundertjährigen so ehrwürdigen Ulmen, wie man sie in England hat. Dieser unglückliche Umstand, der dem Eindruck der französischen Landschaft die Tiefe fehlen läßt, ist in Frankreich allgemein. Sobald der Bauer einen großen Baum sieht, denkt er daran, ihn für sechs Louis zu verkaufen.

Die Landstraße von Paris nach Essones war heute vormittag von ein paar hundert Soldaten bedeckt, die zu zweien, zu dreien, zu vieren marschierten oder unter den Bäumen ausgestreckt dalagen. Sowas empört mich; es ist ein Jammer, eine Marschkolonne wie eine Hammelherde verstreut zu sehen. Wie kann man es nur durchlassen, daß Franzosen, die ohnehin schon so wenig zur Ordnung neigen, solche Gewohnheiten annehmen. Zwanzig Kosaken hätten dieses ganze Bataillon, das während der Vermählungsfeierlichkeiten des Herzogs von Orleans die Ehrenwache in Fontainebleau versehen soll, in die Flucht geschlagen.

Kurz vor Essones überholte ich die Spitze des Bataillons, das Halt gemacht hatte, um sich einigermaßen zu sammeln und in halbwegs anständiger Weise in die Stadt einzurücken. Ich beobachtete, wie die jungen Mädchen des Ortes beim Hören der Trommeln vor Vergnügen außer sich waren, die jungen Leute standen truppweise auf der Straße, alles sah sich das Bataillon an. Mir kam das Lied von den Sinn:

> Nichts gefällt so sehr den Schönen,
> Als der kriegerische Mut!

Eins ist zum Bewundern wahr in Frankreich: man liebt den abenteuerlichen tollkühnen Mut, aber nicht etwa den ruhigen großartigen Mut eines Turenne oder eines Marschalls Davoust. Alles Tiefe begreift und bewundert man in Frankreich nicht. Das wußte Napoleon sehr gut und das war der Grund seiner Affektationen, seiner Komödienspielerei, die vor einem italienischen Publikum erfolglos gewesen wären.

La Charité, 13. April.

Der bedeutsame Hauptunterschied zwischen Paris und einer Kleinstadt wie La Charité ist der, daß man in Paris alles auf dem Umwege durch die Presse, der Kleinstädter hingegen alles durch eigene Anschauung wahrnimmt und überdies, was in seiner Stadt vorfällt, mit gründlicher Neugierde untersucht. Wenn ich in Paris am Ende einer Straße einen Volksauflauf bemerke, ist mein erster Gedanke der, daß mir im Gedränge meine weißen Beinkleider beschmutzt werden könnten und ich dadurch genötigt wäre, wieder nach Hause zu gehen. Sobald ich einen leidlich manierlich aussehenden Menschen sehe, frage ich ihn nach der Ursache des Auflaufes.

»Ein Dieb,« – sagt man mir, – »der eben mit einer Wanduhr unterm Arm aus einem Fenster herausgesprungen ist.«

»So,« sage ich nur zu mir selbst, – »morgen werde ich die Geschichte ausführlich in der Zeitung lesen.«

Da haben wir eins der größten Übel von Paris, ja mehr noch, eins der grüßten Übel der ganzen Kultur, eins der wichtigsten Hindernisse im Fortschritte des Glücks der Menschheit. Es beruht in ihrem massenhaften Zusammenleben an einem Ort. Die Vereinigung hat nur in politischer Hinsicht Vorteile. Den Künsten und Wissenschaften ist sie schädlich. Es geht folgendermaßen zu.

Heutzutage wird ein guter Arzt nicht mehr durch seine ärztlichen Erfolge bekannt. Um Patienten zu bekommen, muß er in der Presse den Scharlatan machen. Er ist in der Familie des Redakteurs einer Zeitung Hausarzt und veranlaßt diesen, daß er durch einen geschickt geschriebenen Artikel seinen Ruhm ausposaunt. Auf diese Weise hat ein Mensch, der liebenswürdig sein will und gewohnt ist, glatte Redensarten zu drechseln und ihnen eine bestimmte Pointe zu geben, einen entscheidenden Einfluß über den Ruf eines Arztes, eines Malers und so weiter. Hat nicht die Presse den Ruhm Girodets gemacht?

Die Presse, die für die politischen Interessen vortrefflich, notwendig ist, vergiftet die Literatur und die schönen Künste durch das Scharlatanentum. Stirbt ein durch die Presse geschaffener großer Mann, so stirbt sein Ruhm mit ihm, das sieht man an Girodet. Prudhon dagegen, der Zeitgenosse Girodets, wurde nicht auf diese Weise verherrlicht; er besaß keinen Pfennig und ich habe selbst gesehen, daß er das Brückengeld über den Pont des Arts nicht bezahlen konnte.

In Städten, die den Zeitungen nicht Untertan sind, in Mailand zum Beispiel, geht jedermann hin und sieht sich ein Gemälde selbst an, ehe er die Zeitung darüber liest, und der Kritiker muß sich sehr vorsehen, daß er sich nicht lächerlich macht, wenn er ein Bild bespricht, über das sich jedermann bereits ein Urteil gemacht hat.

Aus der politischen Notwendigkeit der Presse in den großen Städten folgert die klägliche Notwendigkeit des Scharlatanismus, der einzigen und alleinigen Religion des neunzehnten Jahrhunderts. Wo ist der Mann von Verdienst, der nicht errötend eingestehen muß, daß er des Scharlatanentums bedurft habe, um sich durchzusetzen? Daher der Firnis notwendiger Komödienspielerei, der den gesellschaftlichen Sitten der Pariser einen gewissen Anstrich von Unwahrheit und sogar von Schlechtigkeit gibt. Der natürliche

Mensch ist dort verloren; gewandte Menschen werden von ihm denken, es fehle ihm am nötigen Verstand, das bißchen notwendige Komödie zu spielen. Leider: notwendig! Es ist unmöglich, diese Wahrheit aus der Welt zu schaffen. In politischer Hinsicht hat unsere Freiheit keine andere Bürgschaft als die Presse. Aber ihr Mechanismus, den ich eben beleuchtet habe, ist doch schuld, daß die Freiheit die Literatur und die Künste vielleicht tötet.

Nevers, 14. April.

Ich strebe danach, gelehrt zu werden, und fand zum Glück bei einem Buchhändler die Kommentare Cäsars, der einen Hauptstützpunkt seiner Armee in Nevers, Noviodunum, hatte. Cäsar ist das einzige Buch, das man auf eine Reise durch Frankreich mitnehmen sollte. Es erfrischt die Einbildungskraft wieder, die von wunderlichen Redereien, die man überall geduldig anhören muß, ermüdet und gelangweilt worden ist. Seine so edle Einfalt steht im ausgeprägten Widerspruch zu den unnatürlichen Höflichkeiten, an denen die Provinz so überladen ist.

Autun, 29. April.

... Wir gehen einem Jahrhundert entgegen, in dem man nur auf *den* Menschen hören wird, der individuelle Meinungen hat. Nur halbe Narren, Träge oder Ängstliche leiern dann die Meinungen, die gerade Mode sind, noch nach.

Wie herrlich eignet sich die Einsamkeit für einen jungen Menschen in einer kleinen Stadt dazu, sich über fünf oder sechs Gegenstände eine eigene Meinung zu bilden und was für ein hervorragender seltener und um seine Worte geachteter Mensch ist der junge Mann von fünfundzwanzig Jahren, der eine eigene Meinung über fünf oder sechs Gegenstände hat.

In Paris ist die Zerstreuung zu groß. Wie viel Arten von Vergnügungen gibt es da nicht für einen jungen Mann, selbst wenn er nicht besonders reich ist. Wie viele Dinge nehmen da nicht fortwährend seine Aufmerksamkeit in Anspruch. Wo gibt es wohl in Paris einen jungen Menschen von zwanzig Jahren, der die acht Bände Montesquieu gelesen hätte in der Absicht, darin Irrtümer zu entdecken?

Beinahe in allen Städten, in denen ich mich flüchtig aufgehalten habe, in Lyon, Marseille, Grenoble habe ich junge Leute bemerkt, aus denen alles mögliche werden kann. Ich glaube sogar, daß die verdienstvollen Männer von 1850 meistens weit weg von Paris herstammen werden. Um ein ausgezeichneter Mann zu werden, muß man mit zwanzig Jahren jene Seelenwärme, jene Narretei möchte ich beinahe sagen, besitzen, die man nur in der Provinz hat. Und dazu muß man jene richtige philosophische Bildung haben, wie man sie sich nur in den Pariser Kollegien erwerben kann.

In Paris mangelt es an der Fähigkeit zum Willen; man liest nicht mehr ernsthaft gute Bücher wie die von Beyle, Montesquieu, Tocqueville und dergleichen, liest nur moderne Nichtigkeiten und auch die nur, um, wie sie erscheinen, darüber reden zu können.

Autun, 1. Mai.

Der Abend, zu Paris so angenehm, ist der beschwerlichste Teil der Reise, besonders wenn man so unglücklich ist, das Kaffeehausleben nicht zu lieben und sein Glück nicht bei einer Flasche Sekt zu finden. Ich habe darum im Cäsar gelesen und will hier abschreiben, was Napoleon meiner Meinung nach sehr richtig über diesen großen Mann gesagt hat.

Cäsar, hat die Geschichte seiner Feldzüge in Gallien geschrieben und seine Kommentare haben mehr zu seinem Ruhme beigetragen als seine Eroberungen selbst.

Cäsar, einer der vornehmsten Familien Roms angehörend und von früher Jugend wegen seines leichtfertigen Lebenswandels und seiner Verwegenheit berüchtigt und tief in Schulden, begann den Krieg mit sechs Legionen, die er später auf zwölf vermehrte; eine Legion bestand, wenn ich nicht irre, aus fünftausendfünfhundert Mann aller Waffengattungen.

»Er hat in Gallien acht Feldzüge geführt,« sagt Napoleon, »und dazwischen zweimal in England eingefallen und zweimal auf das rechte Rheinufer gegangen. In Deutschland hat er fünf große Schlachten geliefert, drei große Belagerungen ausgeführt und zweihundert Meilen Landes zu einer römischen Provinz gemacht, wodurch dem Staatsschatze acht Millionen gewöhnlicher Kontributionen einkamen,« und ihm selbst die Mittel erstanden, alle käuflichen Stimmen zu Rom, das heißt die ungeheure Majorität zu erkaufen.

In weniger als sechs Jahren – so lange dauerte dieser Krieg – hat Cäsar mehr als achthundert Städte durch Sturm genommen oder sich unterworfen, dreihundert Stämme unterjocht und in verschiedenen Schlachten drei Millionen Feinde zum Teil auf dem Gefechtsfelde getötet, zum Teil in die Sklaverei abgeführt.

»Wenn Cäsars Ruhm,« sagt Napoleon, »nur auf den Krieg gegen die Gallier begründet wäre, dann wäre er zweifelhaft.«

Die Gallier waren voller Feuer und zeigten eine staunenswerte Tapferkeit, aber, in eine große Anzahl verschiedener Völkerschaften geteilt, haßten sie sich untereinander. Eine Stadt führte oft aus bloßer Eifersucht gegen eine benachbarte Krieg. Lebhaft und hitzig, die Gefahr liebend, hörten sie selten auf die Stimme der Klugheit.

Ihre Unkenntnis aller Kriegszucht, ihre Uneinigkeit, ihre Verachtung der Kriegswissenschaften, ihre mangelhaften Angriffs- und Verteidigungsmittel, ihre Gewohnheit, nie einen Sieg auszunutzen, die Eifersucht ihrer eben so hitzigen als tapferen Anführer, alles das mußte sie nach und nach einem Feinde in die Hände liefern, der nicht minder tapfer als sie, dabei aber geschickter und ausdauernder war.

Ein einziger Gallier begriff die Vorteile der Einigkeit; es war Vercingetorix, der junge Herzog der Arverner. »Sowohl an den Tagen der Feste,« berichtet Florus, »als an den Tagen der Beratung, wenn die Gallier sich in großer Zahl in den heiligen Hainen versammelten, ermunterte er sie durch feurige Reden voll wilder Vaterlandsliebe zur Wiedererkämpfung der Freiheit.«

Cäsar, der sich damals zur Rekrutierung seiner Truppen in Ravenna befand, erkannte die Gefahr. Sogleich geht er mit nur geringen leichtbewaffneten Truppen über die noch schneebedeckten Alpen. Überraschend schnell sammelt er seine Legionen und erscheint an der Spitze eines Heeres im Herzen Galliens, während ihn die Gallier noch an der Grenze wähnen. Er führt zwei denkwürdige Belagerungen aus und zwingt den Anführer der Gallier, sich zu ergeben; dieser Gallier erscheint im römischen Lager, wirft seines Pferdes Rüstung und seine Waffen Cäsar zu Füßen und sagt:

»Tapferer Mann, du hast gesiegt!«

Heutigen Tages glaubt man Geschichte zu schreiben, wenn man die Andeutungen der alten Schriftsteller übertreibt und man hat gewagt zu schreiben, daß der Name Vercingetorix in Rom nur mit Schrecken genannt worden sei. Irgend ein Geschichtsschreiber von gleichem Schrot und Korn wird vielleicht in zweitausend Jahren den nämlichen Ehrgeiz haben und von den Franzosen des neunzehnten Jahrhunderts sagen, daß sie bei dem bloßen Namen Abd-el-Kaders erblaßt wären.

Häufig überwand Cäsar die so tapferen aber auch so einfältigen Gallier, die sich einbildeten, daß der Mut allein zum Siege führe, durch List. Den Fallen und Verrätereien wollte ihre rohe Eitelkeit nur eine unüberwindliche Tapferkeit entgegenstellen. Diese Art von Feinden schien so recht dazu gemacht zu sein, daß der römische Feldherr, ein vollendeter Meister in der Kunst zu betrügen, Ruhm erntete.

Cäsar, der sich durchaus einen großen Namen in Rom machen wollte, machte aber auch den einfachen Galliern gegenüber einen erstaunlichen Aufwand an kühnen und großartigen Taten. Gewöhnlich ging er allein auf Erkundigung aus und nahm nur einen Soldaten mit sich, der ihm sein Schwert trug; im Notfalle reiste er hundert Meilen täglich, setzte schwimmend oder auf einem Fallboot mit aufgeblasenen Schläuchen über die Flüsse und kam oft eher an als seine Eilboten. Wie Hannibal war er immer an der Spitze seines Heeres, meistens zu Fuß und trotz Regen und Sonnenschein im bloßen Kopfe. Sein Tisch war einfach, und dieser Roué, der unserem Jahrhundert Ehre gemacht hätte, ließ eines Tages in Gegenwart seiner Soldaten einen Sklaven mit Ruten peitschen, weil er ihm besseres Brot aufgetragen hatte, als das Heer zu essen bekam.

Er schlief in einem Wagen und ließ sich alle Stunden wecken, um die Arbeiten für eine Belagerung oder eine Verschanzung zu besichtigen. Beständig war er von Schreibern umgeben und, wenn er keine militärischen Befehle zu diktieren hatte, arbeitete er schriftstellerisch. Auf diese Weise diktierte er während des Überganges über die Alpen aus der Lombardei nach Gallien eine Abhandlung über die Analogie. Den Anti-Cato schrieb er kurz vor der Schlacht bei Munda, wo er, wie man sagt, beinahe seine Rolle ausgespielt hätte, selbst überzeugt, der Sieg werde ihm nicht zufallen. Sueton berichtet, daß er während der vierundzwanzigtägigen Expedition nach Spanien ein Gedicht, die Reise, geschrieben habe. Cäsar bemächtigte sich alles dessen, was die damals sehr reichen Gallier besaßen; aber nachdem er seine Privatschulden, die sich auf achtunddreißig Millionen Franken belaufen haben sollen, bezahlt hatte, pflegte er alles Geld, was er zusammenraubte, an seine Soldaten zu verteilen. Daher kam es, daß die Soldaten der Republik nach und nach die Soldaten Cäsars wurden.

Sueton, eine Art von Tallement des Réaux, hat uns folgendes Porträt von ihm hinterlassen.

»Cäsar hatte eine Weiße feine Haut und litt häufig an Kopfschmerzen, sogar an epileptischen Anfällen; er war körperlich zart und anscheinend ohne jede Kraft, aber ein sehr guter Reiter und zeigte seine Geschicklichkeit gern vor seinen Soldaten; auf dem Marsche pflegte er sein Pferd galoppieren zu lassen und dabei die Hände auf dem Rücken zu verschränken.«

Cäsar beachtete an jedem Menschen nur die Eigenschaft, durch die er Nutzen ziehen konnte. Von seinen Soldaten verlangte er Mut und Körperkraft und bekümmerte sich wenig um ihre Sitten. Nach einem Siege ließ er ihnen zügellose Freiheit, bei der Annäherung des Feindes aber wurden sie durch die strengste Manneszucht zusammengehalten. Soldaten, die sich einbildeten, seine Pläne zu erraten, fuhr er hart an; er erhielt alle in gänzlicher Unwissenheit über die Marschziele und die Kriegslage und verlangte, daß jedermann immer und überall marsch- und gefechtsbereit sei. Durch diese und andere Mittel ähnlicher Art erwarb sich Cäsar Liebe und Furcht bei seinen Legionen, mit einem Worte, er verstand es, Begeisterung in ihnen zu erwecken, wobei bemerkt werden muß, daß er der alleinige Schöpfer dieser Begeisterung war, Napoleon hingegen im Anfange die durch die Revolution geschaffene Begeisterung benutzte. Späterhin war es eine seiner großen Aufgaben, jene Begeisterung durch eine für seine Person und das gemeinsame Interesse zu ersetzen.

Ich bin auf diese Einzelheiten eingegangen, um Napoleon wegen der Lügen und anderer Mittel zu rechtfertigen, die das Vaterland zum Beispiel bei Arcole retteten und unglücklicherweise gewissen strengen und ungemein moralischen Schriftstellern anstößig erscheinen, braven Leuten, die nie etwas gesehen oder getan haben, was nur der Mühe wert wäre, und die dennoch die öffentliche Meinung nach Gefallen beherrschen wollen.

Der Zufall hat uns vor achtunddreißig Jahren einen Krieg, ähnlich dem Cäsars gegen Gallien, in dem ägyptischen Feldzuge vor Augen geführt. Die Mamelucken besaßen die außerordentliche rücksichtslose Tapferkeit unserer Vorfahren, aber die bedeutendste Gefahr für unsere Armee in Ägypten lag darin, daß sie ohne Verbindung mit dem Heimatlande war; Cäsar hingegen holte, wenn es nötig war, Ersatz aus Mailand oder Ravenna heran. Im Falle einer Niederlage hätte er in einem fruchtbaren Lande einen sicheren Zufluchtsort gefunden.

Napoleon hat also recht, der Krieg gegen die Gallier setzt Cäsar nicht auf gleiche Linie mit Hannibal und Alexander. Cäsar lernte erst in Gallien Krieg führen, er fand dort ungeheure Summen, bildete dort sein Heer aus und spielte dort mit einem so ausgezeichneten Talente Komödie, daß er mit Ruhm bedeckt und von seinen Legionen vergöttert in Rom einzog.

Im Besitz solcher Vorteile ging er in den großen Krieg, in den eigentlichen Krieg, in die Schlachten von Pharsalos und Munda, gegen Truppen, die ebensoviel verstanden, wie die seinigen.

Im Jahre 1796 unternahm der General Bonarparte, ein Unbekannter von unbedeutender Herkunft, seinen schönsten Feldzug, seinen ersten gegen die Elitetruppen Europas, geführt von den berühmtesten Generalen. Er hatte die Geistlichkeit und den Adel des Landes, in dem er sich schlug, gegen sich, mußte den Befehlen einer unfähigen Regierung gehorchen und vernichtete mit seiner numerisch dauernd geringeren Armee vier österreichische.

Chaumont, 3. Mai.

Die Geschäfte haben mich schnell von den Hämmern in Nivernais nach den Eisenwerken bei Chaumont geführt. Das Land hier ist reich an Eisen, aber so häßlich, daß ich lieber gar nichts darüber sage; ich würde für einen schlechten Franzosen gehalten werden. Es ist das ein Vorwurf, den ich in dem lächerlichen Sinne, wie ihn Napoleon dem Worte gegeben hat, verdiene. Ich gestehe die Mängel

Frankreichs ein. Ich glaube, ich würde mein Vaterland, wenn es von Fremden angegriffen würde, mit Eifer verteidigen; im übrigen aber ist mir der geistreiche Mann aus Granada oder Königsberg lieber, als der geistreiche Mann aus Paris. Diesen letzteren weiß ich immer ein wenig auswendig. Das Unerwartete, das göttliche Unerwartete kann sich nur bei dem anderen finden.

Ich fühle keineswegs den englischen Patriotismus in mir, der mit Vergnügen alle belgischen Städte niederbrennen würde, wenn eine Vorstadt Londons dabei gewönne.

Langres, 5. Mai.

Frankreich ist gewiß das Land der Erde, wo mir mein Nächster den wenigsten Schaden zufügt; dieser Nächste verlangt nur eins von mir, daß ich ihm das Zeugnis des vorzüglichsten Menschen von der Welt gebe. Er ist mehr oder weniger gut erzogen; gehört er aber der guten Gesellschaft an, so ist er immer der nämliche –, und ich möchte gern etwas Unerwartetes finden.

Ich liebe die schönen Gegenden; sie haben bisweilen auf mich dieselbe Wirkung, wie ein auf einer Geige von gutem Ton gut geführter Bogen; sie erzeugen törichte Gefühle, sie vermehren meine Freude und machen mir das Unglück erträglicher. Allein ich denke eben daran, es ist lächerlich zu fügen, daß man die Künste liebe; das heißt beinahe eingestehen, daß man sei, wie man sein müsse.

Ich glaube, daß Frankreich der Bewunderung des Touristen nur seine tausend gotischen Kirchen und im Süden ein paar schöne Überreste römischer Baukunst bieten kann. Ich gestehe, daß ich seit meiner Kindheit ein leidenschaftlicher Verehrer der schönen Kirche Saint-Quen zu Rouen bin.

Ich habe Frankreich in meinen Gedanken immer in sieben oder acht große Teile eingeteilt, die im Grunde einander gar nicht gleichen und nur in oberflächlichen Dingen Ähnlichkeit miteinander haben. Ich meine damit Dinge, die Wirkungen der Regierung sind.

In allen Departements wirft sich die Frau eines kleinen Beamten gewaltig in die Brust, wenn sie bei dem Präfekten zum Balle gewesen ist, und liebt beinahe ihre Jugendfreundin nicht mehr, die einzuladen vergessen worden war. In dieser Hinsicht ist es zu Vannes wie zu Digne.

Aber um wieder auf die großen Teile zu kommen:

Ich unterscheide Elsaß und Lothringen, aufrichtige Länder, wo man ernsthafte Neigungen und eine glühende Vaterlandsliebe besitzt; ich liebe den im Elsaß gesprochenen Dialekt, obgleich er schauderhaft ist.

Dann kommt Paris und der große Kreis des Egoismus, der es nach allen Richtungen hin in einem Umfange von vierzig Meilen umgibt. Mit Ausnahme der niedrigsten Klasse sucht jedermann, wer es auch sei, von der Regierung Vorteil einzuheimsen; allein sie mit seiner Person zu verteidigen oder zu ändern, das wäre ihm der höchste Grad von Dummheit. Demnach gibt es nichts so Widersprechendes als das Elsaß und Paris.

Geht man weiter nach Westen, so kommt man nach Nantes, Auray, Savenay, Clisson, zu den Bretagnern, einem Volke aus dem vierzehnten Jahrhundert, das seinem Pfarrer ergeben ist und sein Leben für nichts achtet, sobald es darauf ankommt, Gott zu rächen.

Weiter im Norden kommt das Volk der Normannen, listige, verschlagene Menschen, die auf keine Frage offen antworten, die man an sie richtet. Dieser Teil Frankreichs scheint mir, wenn auch nicht der geistreichste, so doch der bei weitem kultivierteste zu sein. Von Saint-Malo bis Avranches, Caen und Cherbourg enthält dieser Strich Frankreichs auch die meisten Bäume und schönsten Hügel. Die Landschaft würde wahrhaft bewundernswert sein, wenn es dort große Berge und hundertjährige Bäume gäbe; ein Ersatz dafür ist das Meer, dessen Anblick die Seele so ernst stimmt; das Meer heilt durch seine Zufälle den Bürger kleiner Städte von einer Menge Erbärmlichkeiten.

Nach diesen fünf nördlichen Teilen, dem hochherzigen Elsaß, nach Paris mit seinem egoistischen Umkreise von vierzig Meilen Durchmesser, nach der frommen mutvollen Bretagne und nach der kulturreichen Normandie, finden wir im Süden die Provence mit ihrer etwas derben Freimütigkeit. Die politischen Parteien veranstalten in diesem Lande Mordszenen; man denke an den Marschall

Brune, an die Mamelucken von Marseille im Jahre 1815 und an die Metzeleien zu Nimes.

Wir kommen nun zu dem großen Teil von Languedoc, den ich von Beaucaire und von der Rhone bis nach Perpignan ausdehne. Man besitzt in diesen Gegenden Geist und Zartgefühl; Baréme kennt kein Surrogat für die Liebe; es findet sich sogar, nach den Pyrenäen hin, eine Art von romantischer Galanterie und Hinneigung zum Abenteuerlichen, die die Nähe des edlen Spaniers ankündigt.

In Toulouse herrscht eine wahre Neigung zur Musik. Ich werfe die Eindrücke, die ich auf meinen Reisen empfangen, nur flüchtig aufs Papier und sichere mich nicht genug gegen die Angriffe der Kritik; ich weiß zum Beispiel recht gut, daß Nimes auf dem rechten Rhoneufer liegt.

Geht man nördlich an den Pyrenäen hinauf, so gelangt man zu dem glücklichen Lande, in dem sich die Menschen alles schön malen und nichts für unmöglich halten. Die Gascogne von Bayonne bis Bordeaux und Perigueux hat Frankreich zwei Dritteile seiner Marschälle und berühmten Generale geliefert: Lannes, Soult, Murat, Bernadotte und andere. Ich finde ungemein viel natürlichen Witz in Villeneuve-d'Agen und zu Bordeaux, dagegen wenig Kenntnisse, was diesen Departements in der Karte des Barons Dupin eine ziemlich schwarze Farbe eingetragen hat. Gegen Rhodez und Sarlat hin ist der Bauer ganz Barbar, aber nichts kommt seinem natürlichen Verstande gleich. Er würde den Don Quichotte mit Vergnügen lesen, wogegen der Normanne nur einige Züge von Klugheit an Sancho Pansa bemerken würde. In allen diesen Ländern ist der Bürger von der Eigentumswut besessen. Hat jemand ein Grundstück von achtzigtausend Franken, so kauft er noch ein anstoßendes für dreißigtausend hinzu, dessen Kaufpreis er nach und nach zu ersparen denkt, so daß er sein ganzes Leben hindurch keinen Taler übrig hat. Aber es ist ihm an der Gasconnade genug; er nennt sein Haus seine Burg, wiederholt bei jedem Worte, daß er ein großer Grundbesitzer sei, und glaubt es am Ende selber. Wir haben noch im Südosten das Land des feinen Geistes und der aufgeklärten Vaterlandsliebe liegen lassen, Grenoble, das am 6. Juli 1815, zwanzig Tage nach dem Tage von Waterloo, als ganz Frankreich den Mut verloren hatte, als

Grenoble selbst von den Linientruppen und dem Marschall Suchet, der sich nach Lyon zurückzog, verlassen war, sich dennoch verteidigen wollte. Grenoble kämpfte hochherzig gegen die piemontesischen Truppen, die keine anderen waren, als die vortrefflichen vom Kaiser in Piemont ausgehobenen Regimenter. Dieser Zug von mehr bürgerlichem als soldatischem Mute, zu einem Zeitpunkte, wo Frankreich durch Waterloo ganz zu Boden geschlagen war, ist einzig in der Geschichte unserer Republik. ...... Wenn die Wahlen jemals aufrichtiger betrieben werden, als es vor 1830 der Fall war, dann wird die Bevölkerung des Südens anfangen, Teilnahme an den Regierungsangelegenheiten zu zeigen. Bis zu 1830 wurde die Regierung von ihr als ein allmächtiger Feind betrachtet, der Steuern erhebt und Rekruten einberuft, mit dem sich aber auch bisweilen ein guter Handel machen laßt, wenn man ihm diejenigen Abgeordneten nach Paris schickt, die er haben will.

Napoleon hatte die Völker elektrisiert. Seit seinem Sturze und seit den Wahl- und anderen Schurkereien, die auf seine Regierung folgten, kamen die egoistischen und niederträchtigen Leidenschaften wieder an die Herrschaft; es kommt mir sauer an, es zu sagen; ich möchte mich gern irren, aber ich sehe seitdem nichts Edles mehr.

Jedermann will sich Geld machen, ein ungeheueres Geld, und das sehr geschwind und ohne zu arbeiten. Daher kommt, besonders im Süden, die außerordentliche Eifersucht gegen jeden, der es verstanden hat, von der Regierung eine Stelle mit sechstausend oder auch nur eine mit dreitausend Franken zu erhaschen; man bedenkt nicht, daß er dafür seine Arbeit und seine Zeit hingibt, mit der er sich als Jurist oder als Kaufmann Geld erwerben könnte. Man sieht jeden Staatsbeamten als einen Schlaukopf an, der sich das Geld der Regierung anzueignen weiß.

Diese lächerliche Ansicht findet sich nicht in den zivilisierten Teilen Frankreichs, dessen Grenze ich nördlich durch eine von Dijon bis Nantes zu ziehende Linie festsetzen möchte. Im Süden dieser Scheide sehe ich keine Ausnahme als Grenoble und Bordeaux. Grenoble hat sich durch seine große Vernunft und Bordeaux durch seinen lebhaften Geist etwas über die Atmosphäre der Vorurteile erhoben. Man kann in den Vaterstädten von Montesquieu und Barnave lesen.

Aber auch abgesehen von den Wirkungen, die die Regierung auf diese sieben oder acht charakteristischen Teile Frankreichs äußert, müßte man wenigstens ein Jahr in jedem derselben zubringen, wollte man sie nur einigermaßen kennen lernen, und selbst dann müßte man Präfekt oder Generalprokurator sein.

Was für uns Pariser dieses Studium noch weit schwieriger macht, das ist, daß wir hier durch nichts auf das vorbereitet werden, was in der Provinz existiert. Paris ist eine Republik. Der Mensch, der zu leben hat und nichts verlangt, kommt mit der Regierung niemals in Berührung. Wer von uns denkt wohl daran, sich zu erkundigen, was der Präfekt für ein Mann sei?

Noch mehr: wenn das Ministerium einem, allgemein als Dummkopf bekannten Menschen eine Ordensauszeichnung verleiht, so lachen wir zu Paris; wäre sie einem Verdienstvollen zuteil geworden, so gäbe es nichts zu lachen; das Ministerium sorgt also für unser Vergnügen. In der Provinz wird man über dergleichen aufgebracht, man verliert alles Zutrauen. Der Provinzler weiß noch nicht, daß alles in der Welt Komödie ist.

Langres, 9. Mai.

Die romanische und später die gotische Baukunst sind nach und nach entstanden, weil die Leute der griechischen und ihrer jüngeren Schwester, der römischen Baukunst, müde waren oder sie erreichen zu können verzagten. Die Gesellschaft des zehnten Jahrhunderts kam in einem wesentlichen Teile der Pariser von 1837 nahe. Die kräftigen und rohen Eroberer des Nordens brachen in die elegante römische Gesellschaft ein (bloße Säulen genügten ihr nicht mehr, sie wollte Säulen mit Mosaik verziert haben, man sehe Ravenna); ich sage elegante, aber entnervte, geschwächte, die für etwas Gründliches keinen Sinn mehr hatte, nur noch durch Ironie, eine Art von Vergnügen, das nur eine augenblickliche Aufmerksamkeit fordert, aufgeregt werden konnte.

Ohne die Presse, die einem rohen Arbeiter wie Jean-Jacques Rousseau gestattete, das Wort zu ergreifen und sich Gehör zu verschaffen, wäre die gute Gesellschaft zur Zeit, als der Marschall Richelieu Mahon mit Sturm nahm, eben so schlaff gewesen, wie uns Petron den Zustand Roms schildert.

Die Vermischung der Barbaren mit der entnervten Geisellschaft hat schreckliche und langandauernde Zuckungen und die ganze Barbarei des zehnten Jahrhunderts zur Folge gehabt. Endlich aber fand die Verschmelzung statt und die Gesellschaft, Frankreich genannt, wurde geboren.

Heutzutage ist das Volk infolge der Revolution energisch, man sehe die Selbstmorde; ein Drittel der reichen Leute, die in der Oper Logen haben, käme sehr in Verlegenheit, wenn sie den Beweis führen sollten, daß ihr Großvater habe lesen können.

Daher kommt die Energie, die sich in der Literatur von 1837 Luft zu machen sucht, zum großen Ärgernis der Akademie und der eleganten seinen Leute, die vor 1780 geboren oder an die Sitten von damals gewöhnt sind.

Das energische Prinzip war bei der Gesellschaft des zehnten Jahrhunderts stärker als bei uns; überall wich der Sohn des Römers vor dem Sohne des Barbaren zurück.

Das von den Menschen aus dem Norden weniger verwüstete Sizilien war der griechischen Baukunst müde und erfand nach und nach die gotische. Dann kamen das zwölfte und dreizehnte Jahrhundert, die über ihre Barbarei erröteten und die Leidenschaft zu bauen hatten. Das beweisen die Kathedralen von Straßburg, Rheims, Rouen, Auxerre, Beauvais, Paris und die tausend gotischen Kirchen in den Dörfern Frankreichs.

Es ist bekannt, daß für eitle und kalte Seelen das Verwickelte, Schwierige schön ist. Die gotische Baukunst tut alles mögliche, um kühn zu scheinen. Das erklärt den Erfolg, den der Alexandriner in der Tragödie gehabt hat.....

Indem ich die ganz hübschen Straßen von Langres durchwandere und die vielen Messerläden sehe, kann ich nicht umhin, an Diderot zu denken. Ohne Zweifel schrieb er mit Emphase, aber für wieviel gediegener wird seine Emphase um 1850 gelten, als die der meisten unserer Zeitgenossen. Sie hat bei ihm nicht ihren Grund in der Armut der Ideen oder in der Notwendigkeit, sie zu verstecken. Im Gegenteil, sein Herz liefert ihm so viel Stoff, daß er in Verlegenheit ist, wie er ihn unterbringen soll. Welches Werk unserer Zeit könnte seinem Jacques le fatiliste an die Seite gesetzt werden? Man brauchte nur etwa sechs Seiten zu streichen. Es fehlte Diderot bei seinem Talente weiter nichts, als daß er mit zwanzig Jahren einer Weltdame den Hof gemacht und keck in ihrem Salon verkehrt hätte. Dann wäre seine Emphase verschwunden; sie ist nichts als ein Rest der Gewohnheiten der Provinz.

Vielleicht dachte er auch wie Voltaire, daß es besser sei, stark als genau zu treffen; auf diese Weise gefällt man freilich einer größern Zahl von Lesern, verletzt aber dafür die Seelen, die wie Correggio und Mozart empfinden, aufs tiefste. Diderot könnte erwidern, daß im Jahre 1770 diese Seelen sehr selten waren, ich aber würde darauf antworten, daß uns im Jahre 1837 die Tragödien Voltaires zum Sterben langweilen.

Straße von Langres nach Dijon, 10. Mai.

Ein kleiner waldbedeckter Hügel, der, wenn man von Chaumont kommt, allenfalls hübsch scheint, ist köstlich und bezaubernd.

Das ist mir heute begegnet. Welche Wirkung hätte nicht hier der Mont Ventoux oder der geringste der an der Quelle von Vaucluse gering geschätzten Berge machen können!

Unglücklicherweise gibt es bei Paris keine hohen Berge; hätte der Himmel diesem Lande einen See und leidliche Berge verliehen, so wäre seine Literatur weit malerischer. In der besten Zeit dieser Literatur wagte es La Bruyère, der doch über alles gesprochen hat, kaum im Vorbeigehen ein Wort über den tiefen Eindruck zu sagen, den eine Ansicht wie die von Pau oder Gras in der Dauphiné in gewissen Seelen hinterläßt. Es ist ein trauriger Ersatz dafür, wenn die platten Schriftsteller unserer Zeit ohne Scham und ohne Maß von diesen Dingen reden, die sie nur nach Möglichkeit verhunzen. Wir erhalten das Malerische wie die guten Postkutschen und die Dampfschiffe aus England; eine schöne Landschaft. ist dem Engländer ein Stück Religion; ebenso wie der Aristokratismus ist sie bei ihm aufrichtige Gefühlssache.

Lyon, 24. Mai.

Infolge der Eisenbahnen, der Dampfschiffe und besonders der Preßfreiheit werden wir in wenigen Jahren keinen Provençalen, keinen Gaskogner, keinen Languedoker mehr haben; nur die Verschiedenheit der Rassen wird noch mehrere Jahrhunderte bestehen. Eine Eroberung wird nicht mehr stattfinden und was sonst als eine solche vermöchte die Bevölkerung verändern?

Aber bei der verschiedenen Denkweise und den verschiedenen sozialen Gewohnheiten, die eine Folge der durch die früheren Regierungen der Provinzen eingeimpften Leidenschaften sind, können der Typus des Elsässers, der die Unabhängigkeit seines Vaterlandes liebt und das Fremdländische haßt, sowie der des Bretagners, der mit Leib und Seele seinem Priester ergeben ist, noch mehrere Jahrhunderte lang fortbestehen.

Der Abend wurde mit einem Gespräch über die verschiedenen Rassen beschlossen, und zwar auf Veranlassung eines Dauphinesen, dessen runder Kopf den reinen keltischen Charakter in hohem Grade zeigte; es ist das nämlich der runde und breite Kopf, den man in den Bergen der Allobroger so häufig antrifft und vermöge dessen diese vielleicht bei Ausführung ihrer Absichten soviel Ausdauer und Schlauheit zeigen. Mit lobenswertem Ernst und Eifer wurde dieser Gesprächsgegenstand sogleich allgemein erfaßt, und wir nahmen alle gegenseitig unsere Signalements als Kelten, Germanen, Iberier u.s.w. auf.

Man trifft, besonders in den Städten, eine außerordentliche Menge von Mischlingen an, während ein in den Bergen der großen Kartause bei Grenoble oder in denen bei Bourg d'Oisans einsam liegendes Dorf sehr häufig die reine Rasse bewahrt hat. Ein solches Beispiel bietet unser gegenwärtiger Freund R ..., ein sehr heiterer und von Grund aus guter, das heißt keiner konsequenten Böswilligkeit fähiger Mensch, der aber seinen Nebenmenschen völlig durchschaut und ein Feind der Heuchelei ist.

Der Germane hat einen ausdauernden hartnäckigen und wenig heiteren Charakter. Das Unglück wirkt stärker auf ihn, als auf den Kelten, er kann unglücklicher sein als dieser. Seine Schüchternheit sucht instinktmäßig den Schutz, den ein gewisser Rang verleiht; das ist der Grund der aristokratischen Neigung der Engländer und der kindlichen Freude, die sie beim Anblick ihrer jungen Königin haben, wenn sie sich auf der Straße sehen läßt.

Die Bevölkerung Frankreichs kann in Kelten, Germanen Iberier und Mischlinge eingeteilt werden, die Juden und einige Griechen in Marseille übergehe ich. Ich gebe ihre Signalements folgendermaßen:

Die Kelten oder Gallier sind am zahlreichsten. Sie sind von mittlerer Größe Wenn sie rasserein sind, haben sie einen runden Kopf, große offene Augen, eine ziemlich gerade, nach unten hin etwas breite Nase, die niemals wie die Adlernase nach dem Munde hin gebogen ist. Die Entfernung von der Nase bis zur Spitze des Kinns ist der Länge der Nase gleich, der Mund ist der Nase etwas näher als dem unteren Teile des Gesichtes. Die Backen sind voll, aber nicht hervorspringend. Im allgemeinen sind alle Linien gerundet. Ihr Haar ist meistens von dunkler Farbe. Sie haben starke Muskeln, sind nicht sehr groß und nähern sich der athletischen Form.[44]

Die Gallier hatten zur Zeit des Eindringens der Cimbern ganz Frankreich bis auf den von den Iberiern bewohnten Teil inne. Sie sind noch sehr zahlreich in der Bourgogne, in der Dauphiné, in Savoyen, in Poitou und so weiter; sie haben den Charakter, den Europa im allgemeinen den Franzosen zuschreibt: sie sind heiter, tapfer, spöttisch, unbekümmert um die Zukunft. Marot, Montaigne, Rabelais, Montesquieu sind geschaffen, den Galliern zu gefallen.

Von den Nachkommen jener europäischen Abenteurer, die um 1650 in Kanada landeten, zeichnen sich diejenigen, die französische Namen führen, durch ihre runden Köpfe, ihre Tapferkeit, ihre sorglose Fröhlichkeit und besonders durch die fehlende Begabung, sich Geld zu erwerben, aus, während der Nachkomme germanischer Einwanderer in zehn Jahren ein reicher Mann ist.

Die Germanen sind von hohem Wuchse; die moderne Tracht kleidet ihre schlanken Formen sehr gut. Sie haben einen langen und breiten Kopf mit sehr ausgebildetem Schädel, so daß die Augen sich in der Mitte des Kopfes, von der äußersten Höhe an gemessen, befinden. Die Stirn ist hoch und breit, das Auge mehr lang als rund, die Nase gebogen, aber die Nasenflügel wieder hervortretend.

Das Kinn springt hervor, so daß die Germanen oft, wie die Leute zu sagen Pflegen, eine Nase en bec à corbin (wie ein Rabenschnabel)

---

[44] Vgl. den ausgezeichneten Essai sur les races d'hommes von Edwards, Mitglied des Instituts

und ein Kinn de galoche (lang und weit vorstehend) haben. Das Haar der Germanen neigt mehr zur blonden, wie das der Kelten zur dunklen Farbe.

Wie man sieht, sticht dieser Wuchs, dieses Gesicht, dieses Haar bedeutend gegen das Äußere des Kelten ab. Ebenso ist es mit dem Charakter. Die Germanen gehen in der Selbstschätzung sehr weit, oft ist diese Eigenschaft bei ihnen bis zum Trotze, zum Hochmute gesteigert. Sie besitzen nicht die geschmeidige Gutmütigkeit der Kelten, zeichnen sich aber durch eine merkwürdige Ausdauer aus. Wenn man auch an ihnen Schnelligkeit und Lebhaftigkeit des Geistes nicht loben kann, so besitzen sie dagegen sehr viel Verstand, sehr viel Überlegung und erreichen oft das Genie. Der einzige nach Napoleon gestorbene Mann, dem Genie zuerkannt wird, der berühmte Baron Cuvier, hatte alle Züge eines Germanen, nur war sein Wuchs, obgleich groß, nicht hoch, nicht schlank genug.

Wie merkwürdig! Man findet nicht einen Menschen mit dem reinen oder fast reinen physischen Charakter einer bestimmten Rasse, der nicht auch ihren moralischen Charakter hätte. Der Kelte wird im allgemeinen durch den Franzosen repräsentiert, der Germane am hervorragendsten durch den Angelsachsen, den Engländer. Germanen bewohnen den Norden Frankreichs, besonders die Normandie und in der Bretagne die nördliche Küste von Lannilis bis Saint-Malo.

Die baskische oder iberische Rasse wird im südlichen Frankreich, den Pyrenäen entlang, angetroffen und dehnte sich zur Zeit Cäsars bis zur Garonne aus. Auch die Küsten des mittelländischen Meeres bewohnten sie mit den Galliern vermischt; ehemals hießen sie Ligurer. Dieselbe Rasse bewohnt den größten Teil der östlichen Küste Frankreichs. Sie scheinen früher als die Gallier in diese Gegend gekommen zu sein. Die Iberier haben einen langen und überall, besonders aber unten schmalen Kopf. Der Augenbrauenbogen springt über das schmalgeschlitzte Auge weit hervor. Die Nase ist scharf gezeichnet, gebogen und lang, die Nasenflügel stehen höher als die Spitze. Das Kinn ist gerade, die Backenknochen springen hervor; ihre Größe ist etwas Übermittel; sie sind wohlgebaut und sehr beweglich. Ihre Haare sind oft blauschwarz. Heinrich der Vierte gibt ein genaues Bild der iberischen Rasse, sowohl was die körperlichen, als was die geistigen Eigenschaften angeht. Ihr Charakter kommt dem französischen sehr nahe; aber er hat Züge, die nur ihm eigen sind, so spielt zum Beispiel die Liebe bei ihnen eine bedeutende Rolle. Heinrich der Vierte hat der Weiber wegen die ausgezeichnetsten Torheiten begangen, nicht etwa eine wie Mark Anton am Ende eines durch die glücklichsten Erfolge gekrönten Lebens, nein zu allen Zeiten und selbst in Augenblicken, wo die größte Wahrscheinlichkeit vorlag, daß er wie sein Vater durch den katholischen Pariser Hof vergiftet werden würde. Zur Zeit seiner Ermordung – er zählte damals zweiundfünfzig Jahre – war er in ein junges Mädchen ganz vernarrt. Die Geschichte hat uns die Namen von zweiundfünfzig seiner Geliebten aufbewahrt.

Germanen, Abkömmlinge der Franken, bewohnen den Nordosten Frankreichs, insbesondere das Elsaß. In diesem Lande trifft man ihren eigentümlichen Charakter, Liebe zum Kriege, Königstreue und so weiter. Diese Menschen sind hoch gewachsen; sie haben einen eckigen Schädel, eine fast ganz gerade, weder nach oben noch nach unten gebogene Nase; die Entfernung von der Nase zur Kinnspitze ist beinahe größer als die Nasenlänge. Die Nasenflügel sind bei der germanischen Rasse dick und fleischig, das Gegenteil von der iberischen (man sehe das Porträt des Cervantes). Die Germanen sind im allgemeinen blond und voll kriegerischen Geistes.

Man findet sehr häufig, daß in Familien fast die nämlichen Züge nach langen Zwischenräumen wieder erscheinen. Ein Kind gleicht seinem dreißig Jahre vor seiner Geburt verstorbenen Großvater und man begegnet in den Straßen von Paris nicht selten einem Germanen oder Kelten von reiner Rasse.

Wird mir der Leser diesen Bericht über unsere Abendsitzung wohl verzeihen? Wir hatten Burgunderweine von acht oder zehn verschiedenen Sorten, gleichsam einen Blumenstrauß, vor uns. Bei einer interessanten Unterhaltung getrunken, aber das ist die conditio sine qua non, erhöhen sie die Entrücktheit des Augenblicks. Sie machen den Menschen auf einige Stunden gut und heiter, und es ist eine Torheit von uns, die wir so wenig gut, so selten fröhlich sind, das Orakel der göttlichen Flasche zu vernachlässigen.

Aus dem Leben Rossinis.

(1824.)

Mozart und Rossini.

Mozart wird in Italien niemals den Beifall finden, den er in Deutschland und England genießt, aus dem ganz einfachen Grunde: seine Musik ist nicht für diesen Himmelsstrich berechnet, sie ist vornehmlich geeignet zu rühren, indem sie der Seele melancholische Bilder vorführt und an die Leiden der liebenswürdigsten und zartesten aller Leidenschaften erinnert. Allein, die Liebe ist in Bologna und in Königsberg verschieden; sie ist lebhafter, ungeduldiger, heftiger in Italien und nährt sich weniger durch die Einbildung. Sie bemächtigt sich nicht allmählich und für immer aller Kräfte der Seele, sondern sie bestürmt sie und nimmt sie nur für einen Augenblick völlig ein; sie ist eine Art von Raserei. Aber Raserei kann nicht melancholisch sein; sie ist ein Ausbruch aller Kräfte, während die Melancholie ein Mangel daran ist. Die italienische Liebe ist meines Wissens noch in keinem Roman geschildert worden.[45] Darum hat diese Nation überhaupt keine Romane. Dafür hat Cimarosa in den Tönen dieses Landes die Liebe auf das Vollendetste in allen ihren Schattierungen, von der des zarten Mädchens, der der Carolina im *Matrimouio segreto*

Ha! tu sai ch'io vivo in pene,.....

bis zu der des liebesnärrischen Greises

Jo venia per sposarti, ...

gemalt. Ich will hier auf diese Ideen von der Verschiedenartigkeit der Liebe in den verschiedenen Himmelsstrichen, die uns zu einer endlosen Metaphysik führten, nicht eingehen. Die Seelen, die fähig sind, derartige Gedanken, die beinahe nur Gefühle sind, zu begreifen, werden mich schon aus dem wenigen, was ich gesagt habe, verstehen; was die andern anbelangt, und das ist die ungeheuere

---

[45] Soeben erschien: Fogazzaro, das Geheimnis des Dichters, (D. Verl.)

Mehrheit, so erkennen sie darin doch nur die langweilige Metaphysik. Ja, wenn das Mode wäre, dann würden sie geruhen, zwanzig wohltönende Phrasen über dieses Thema auswendig zu lernen, aber ich fühle nicht die Stimmung in mir, Phrasen für derartige Menschen zu machen.

Kommen wir auf Mozart und seine kraftvolle Musik zurück. Er erschien gleichzeitig mit Rossini am Horizont gegen das Jahr 1812, aber ich befürchte sehr, daß man von ihm noch sprechen wird, wenn Rossinis Stern erblichen ist. Mozart ist ein Erfinder in jeder Hinsicht und im vollen Sinne des Wortes; er ist niemandem ähnlich, während Rossini noch ein wenig Cimarosa, Guglielmi, Haydn und anderen ähnelt. Die Kenntnis der Harmonie kann alle denkbaren Fortschritte machen und man wird doch immer mit Staunen bemerken, daß Mozart an das Ziel gekommen ist, wohin alle Bahnen führen. Was also das Technische seiner Kunst anbelangt, so wird er da ebensowenig übertroffen werden als Tizian an Wahrheit und Kraft der Farben und Racine an Schönheit seiner Verse, Zartheit und Angemessenheit der Empfindungen. Was das Seelische betrifft, so ist Mozart immer sicher, alle zarten und träumerischen Gemüter durch den Sturmwind seines Genies mit sich fortzureißen und sie mit rührenden und traurigen Bildern zu erfüllen. Bisweilen ist die Gewalt seiner Musik so groß, daß sich durch die Unbestimmtheit des vorgeführten Bildes die Seele mit einem Male von Melancholie ergriffen und gleichsam in ihr verloren fühlt. Rossini ist immer unterhaltsam, Mozart nie; er ist wie eine ernste und oft traurige Geliebte, die man aber um so mehr liebt, gerade wegen ihrer Traurigkeit, wie eine von jenen Frauen, die entweder gar keinen Eindruck machen und als unzugänglich gelten, oder, wenn sie einen einmal rühren, um so tiefer wirken und sich der Seele ganz und gar und auf ewig bemächtigen. Mozart ist bei der großen Gesellschaft Mode, die, wenngleich notwendig ohne Leidenschaften, doch immer scheinen will, als ob sie dafür empfänglich und von großen Leidenschaften ergriffen sei. Solange diese Mode dauern wird, kann man über die wahre Wirkung seiner Musik auf das Menschenherz nicht mit Sicherheit urteilen.

In Italien gibt es einige, wenn auch wenige Kunstfreunde, die durch das Zutrauen, das man zu ihnen hat, durch die Festigkeit und kluge Zurückhaltung ihres Urteils auf die Länge dahin kommen, die öffentliche Meinung auf dem Gebiete der Kunst zu bestimmen. Diese Leute haben sich an der Musik Rossinis amüsiert, sie haben seinen *Prüfstein* leidenschaftlich beklatscht, mit Rührung sein Quartett aus Bianca e Falliero gehört, sie gestehen, daß er in die opera seria, Leben gebracht hat; aber im Grunde betrachten sie ihn als einen glänzenden Ketzer, als einen Pietro da Cortona. Dieser wirkungsvolle Kolorist blendete Italien eine Zeitlang und tat beinahe Raffael Abbruch, der neben ihm kalt erschien. Raffael hat übrigens wirklich verschiedene zarte Züge und eine gewisse Bescheidenheit im Technischen, die auch Mozart kennzeichnen. Nichts tritt in der Malerei weniger lärmend entgegen, als die schlichte Miene und die himmlische Reinheit der Madonnen des Urbinaten; ihre göttlichen Augen sind auf den Sohn herabgesenkt. Wüßte die Menge nicht, daß diese Madonnen von Raffael sind, so ginge sie vorüber, ohne diesen so einfachen und für gewöhnliche Seelen so gewöhnlichen Gegenstand verweilend eines Blickes zu würdigen. Ebenso ist es mit Mozarts Duett

> La mi darai la mano
> La mi dirai di si ....

bei dessen langsamer Bewegung sich ein großer Teil unserer Fatzken langweilen würde, die dagegen bei der Cavatine Rosinens im *Barbier*

> Sono docile ....

aufgeregt und elektrisiert sind, obgleich sie gegen den Sinn verstößt. Aber was wissen sie überhaupt vom Sinne?

Rossini hat in seinem *Barbier von Sevilla*, wo er mit einem genialen Komponisten wetteiferte, sei es durch Zufall, sei es in kluger Absicht, seine Individualität in hervorragender Weise zur Geltung gebracht. Gerade am Barbier kann man den Stil Rossinis am besten hat gleichfalls einen *Barbier von Sevilla* komponiert.] kennen lernen; einer seiner Hauptmerkmale springt hier ganz auffällig hervor. Er, der so gut Finales, Ensembles, Duette zu schreiben versteht, ist schwach und unbedeutend in Arien, die einfache Empfindungen ausdrücken sollen. Der canto spinato, der einfache Gesang, ist seine Klippe.

Die Römer fanden, wenn Cimarosa die Musik zum Barbier geschrieben hätte, würde sie vielleicht weniger lebhaft und glänzend, aber weit komischer und ausdrucksvoller sein.

Sind Sie Soldat gewesen und Weltwanderer? Dann haben Sie vielleicht einmal in Baden-Baden ganz unerwartet eine reizende Frau wiedergetroffen, die Sie zehn Jahre vorher in Dresden oder Bayreuth angebetet haben. Der erste Augenblick ist künstlich, aber am dritten oder vierten Tage wird einem das Köstliche, Verehrungswürdige, Sanfte zu viel. Die grenzenlose Hingebung dieser guten hübschen Deutschen erregt in uns, vielleicht ohne daß man es sich selbst eingesteht, die Sehnsucht nach der Pikanterie und den Launen einer schönen Italienerin mit ihrer Hoheit und ihrem Übermut. Genau so ist der Eindruck, den auf mich die bewunderungswürdige Musik des Matrimonio segreto ausübt;[46] der Mangel an Dissonanzen, besonders im zweiten Akt, macht sich quälend merkbar. Mit einem Worte, Cimarosa hat mehr Ideen, aber Rossinis Stil steht höher.

Den zärtlichen Deutschen fehlt in der Liebe die italienische kapriziöse Pikanterie. Im Gegensatz dazu hat die deutsche Musik ihre pikanten Dissonanzen und eine Art Disharmonie vor der köstlichen Grazie und der süßen Melodie der italienischen Musik voraus.

Vom Stile Rossinis.

Bevor ich schließe, ist es notwendig, ein Wort über die Eigentümlichkeit des Rossinischen Stils zu sagen. Allein, ist es schon schwer, Gemälde zu schildern, die doch selbst bei Dummköpfen bestimmte Erinnerungen zurücklassen, wie weit schwerer ist es, von Musik zu sprechen!

Die gute Musik ist nur unsere eigene Gemütsbewegung, sie ergötzt uns, indem sie unsere Einbildungskraft in die Notwendigkeit versetzt, sich augenblicklich mit gewissen Täuschungen zu unter-

---

[46] Cimarosas Heimliche Liebe, die ihre erste Aufführung 1793 in Wien erlebte, ist eine der Lieblingsopern Beyles.

halten, die nicht ruhig und erhaben wie die Werke der Plastik, noch wie Gemälde Correggios zart und träumerisch sind.

Der erste Charakterzug Rossinischer Musik ist eine gewisse Schnelligkeit, die, alle düsteren Gemütsbewegungen, aus unserer Seele bannt, während Mozarts langsame Noten sie so gewaltig aus der Tiefe unseres Gemüts hervorrufen. Ich finde ferner in ihr eine Frische, die mit jedem Takte unwillkürlich ein Lächeln des Wohlgefallens erzeugt; darum scheinen fast alle Partituren neben denen Rossinis schwerfällig und ermüdend.

Rossini ist selten traurig und doch, was ist Musik ohne eine Schattierung von tiefsinniger Trauer? »Ich werde niemals lustig, wenn ich liebliche Musik vernehme,« sagt der, der unter den modernen Dichtern das Geheimnis der menschlichen Leidenschaften am besten gekannt hat, in seinem Kaufmann von Venedig.

In unserem geschäftigen Zeitalter hat Rossini einen Vorteil, er verlangt keine besondere Aufmerksamkeit. In einem Drama, wo die Musik die Schattierung oder den Grad der Empfindung auszudrücken sucht, bedarf es der Aufmerksamkeit, um erregt zu werden, daß heißt, um Vergnügen zu empfinden; ja, was noch rigoroser ist, es bedarf der Seele, um gerührt zu sein. Bei einer Oper von Rossini dagegen, in der oft jede Arie oder jedes Duett nichts weiter als ein glänzendes Konzertstück ist, bedarf es nur eines sehr leichten Grades von Aufmerksamkeit, um Vergnügen zu haben, und, was noch bequemer ist, das, was die romantischen Leute Seele nennen, ist dabei den größten Teil der Zeit über nicht einmal notwendig. Um diese etwas gewagte Behauptung zu rechtfertigen, erinnere ich an die erste Szene in Cimarosas *Heimlicher Ehe*, wo Carolina, die sich mit ihrem Geliebten glücklich fühlt, eine zarte Reflexion über das Glück, daß sie genießen würden, hegt:

E amor si gode in pace...

Diese so einfachen Worte haben eine der herrlichsten musikalischen Phrasen, die es gibt, hervorgebracht. Damit vergleiche man nun die Szene in Rossinis Barbier, wo Rosine den Geliebten treu findet, nachdem sie ihn vorher im stärksten Sinne des Wortes für ein Ungeheuer der Treulosigkeit und Gemeinheit, für einen Menschen gehalten hatte, der sie an den Grafen Almaviva verkaufen will. In diesem Augenblicke der Freude, einem der entzückendsten, die es für das menschliche Herz geben dürfte, weiß die undankbare Rosine uns nichts als Verzierungen vorzusingen, die allerdings die erste Rosine, Madame Giorgi, wahrscheinlich reizend ausgeführt hat. Diese Verzierungen, die für ein hübsches Konzert Passen, erscheinen jedermann hier unangebracht, aber Rossini wollte damit gefallen und er hat seine Absicht erreicht, wenn es auch nicht entschuldbar ist.

Rossini ist lebhaft, leicht, pikant, niemals langweilig, selten erhaben und scheint darum besonders fähig, Alltagsmenschen in Ekstase zu setzen. Von Mozart im zarten, melancholischen, von Cimarosa im komischen, leidenschaftlichen Stile weit übertroffen, ist er doch, in Hinsicht auf Lebhaftigkeit, Raschheit, Pikanterie und alle damit verbundenen Wirkungen Meister. Keine Opera buffa ist wie der *Prüfstein*, keine Opera siera wie der *Othello* oder das *Fräulein vom See* geschrieben. Othello ist den *Horaziern* ebensowenig ähnlich, als dem *Don Juan*; es ist ein selbstständiges Werk. Rossini hat hundertmal die Freuden der glücklichen Liebe geschildert und im Duett der *Armida* in einer bis dahin unerhörten Weise. Zuweilen ist er barock, aber nie fehlt es ihm an Geist, selbst nicht in der lustigen Schlußarie der *diebischen Elster*. Er ist bisher ebenso unfähig gewesen, etwas ohne Verstöße gegen den Sinn des Textes zu komponieren, als innerhalb von zwanzig Takten sein Genie zu verleugnen. Seit Canovas Tode ist er der erste unter den lebenden Künstlern. Welchem Rang ihm die Nachwelt einräumen wird, weiß ich nicht. Etwas möchte ich im Vertrauen sagen: der Stil Rossinis gleicht ein wenig dem Franzosen in Paris, er ist eitel mehr lebhaft als heiter, selten langweilig und noch seltenen erhaben.

Die Stimme der Madame Pasta.

Der Wechsel ihrer erhabenen Stimme in Höhe und Farbe erinnert mich an ein zartes Glückgefühl, das ich manchmal in den klaren Nächten Italiens empfunden habe, wenn einzelne funkelnde Sterne hell am tiefblauen Himmel erscheinen, wenn der Mond die Landschaft zauberisch beleuchtet, jenen Strand von Mergelina, den ich vielleicht nie wiedersehen werde. In der Ferne steigt die Insel Capri mitten aus den silbernen Fluten des vom frischen Mitternachtswind leicht bewegten Meeres. Unmerkbar kommt eine leichte Wolke und umschleiert das Gestirn der Nacht; sein Licht ist für einige Augenblicke weicher und zarter, der Eindruck der Natur wird dadurch rührender, die Seele lauscht. Bald erscheint das Gestirn wieder, reiner und glänzender als je und überflutet unsere Ufer mit seinem lebendigen klaren Licht. Auch die Landschaft erscheint wieder im vollen Glanze ihrer regen Schönheit. Die Stimme der Madame Pasta gewährt mir, wenn sie ihre Höhe wechselt, die Empfindung jenes rührenden und zarten Mondlichts, das sich eine Weile verschleiert, um dann tausendfach glanzvoller wieder hervorzubrechen.

Beim Sinken der Sonne, wenn zuletzt der Positiv verschwindet, zittert unsere Seele und verliert sich in eine süße Melancholie. Ich weiß nicht was: etwas Ernstes dringt in uns, unsere Seele scheint sich mit dem Abend und seiner friedlichen Trauer in Einklang zu setzen. Dieses Gefühl erlebe ich blitzschnell, wenn Madame Pasta singt:

Ultimo pianto.....

Das gleiche Gefühl beseelt mich, aber in mehr andauernder Weise, an den ersten kühlen Septembertagen mit ihrem leichten Nebel über den Bäumen, der die Nähe des Winters und den Tod der schönen Natur verkündet.

Die Sprache der Musik.

Die Musik vermag nicht schnell zu reden; sie kann die flüchtigsten Schattierungen der Leidenschaften schildern, Schattierungen, die der Feder der größten Schriftsteller entgehen; ja, man kann sagen, daß ihr Reich das reich der Worte beginnt und beschließt; aber sie ist unfähig, was sie schildert, nur *zur Hälfte* darzustellen. In dieser Beziehung ist sie ebenso im Nachteil wie die Plastik, wenn sie sich mit ihrer Schwester, der Malerei, messen will. Die meisten Gegenstände, die uns im wirklichen Leben auffallen, sind der Plastik versagt, weil sie nicht imstande ist, *halb* zu schildern. Ein berühmter Krieger, unter seiner Rüstung verborgen, steht, vom Pinsel eines Paul Veronese oder Rubens gemalt prächtig aus; nichts aber wird lächerlicher und plumper unter dem Meißel eines Bildhauers. Man sehe die Statue Heinrichs des Vierten im Hofe des Louvre.

Wenn ein Narr einen pomphaften und prahlerischen Bericht von einem erdichteten Kampfe, in dem er sich mit Ruhm bedeckt haben will, gibt, so schildert uns der Gesang treuherzig seine Stärke, aber die Begleitung macht sich über ihn lustig. Cimarosa hat diesen Stoff wohl zwanzigmal meisterhaft behandelt.

Die Melodie vermag also nicht, unsere Einbildungskraft auf irgend eine Schattierung der Leidenschaft nur halb zu richten; das ist ein Vorteil, der der Harmonie vorbehalten ist. Allein auch die Harmonie kann nur schnelle und flüchtige Schattierungen schildern; bemächtigt sie sich zu lange unserer Aufmerksamkeit, so tötet sie den Gesang, wie das an manchen Stellen bei Mozart der Fall ist; andrerseits, wenn sie Hauptpartie wird, so kann sie nicht zur Hälfte schildern.

Das ist auch der Grund, warum die Musik so wenig geeignet ist, die Freuden der Eitelkeit und alle die kleinen Mystifikationen wiederzugeben, die seit zehn Jahren die Pariser Theater mit einer Menge äußerst pikanter Stücke überflutet haben, die man nicht mehr als dreimal anzusehen vermag. Die Freuden der Eitelkeit gründen sich auf eine lebhafte und flüchtige Vergleichung seiner selbst mit anderen Leuten. Andere Leute sind immer dazu nötig; aber gerade das ist allein hinreichend, die Phantasie zu lähmen, deren mächtige Schwingen sich in der Einsamkeit und bei völliger Vergessenheit anderer Leute entfalten. Eine Kunst, die nur durch Einbildungskraft wirkt, darf sich also nicht einfallen lassen, die Eitelkeit zu schildern.

Aus verschiedenen Büchern.

Gedanken über die Erziehung der Frauen.

Die gegenwärtige Erziehung der jungen Mädchen läßt die herrlichsten Fähigkeiten, die ihnen selbst wie uns Männern das meiste Glück bringen, verkümmern. Bei allem unserem Dünkel sind die Ratschläge der notwendigen Lebensgefährtin von größtem Einfluß auf unsere kleinen inneren Angelegenheiten, von denen unser Glück vor allem abhängt, weil das Glück, wenn die Leidenschaft fern ist, in der Vermeidung der kleinen alltäglichen Widerwärtigkeiten beruht, keineswegs wollen wir der Frau irgendwelchen Einfluß einräumen; aber sie wiederholt zwanzig Jahre lang die gleichen Dinge, und welcher Mann hat die Standhaftigkeit eines Römers, einem immer wiederkehrenden geistigen Einfluß sein Leben lang zu widerstehen? Die Welt wimmelt von Ehemännern, die sich leiten lassen, aber aus Charakterschwäche, nicht aus dem Gefühl für Gerechtigkeit und Gleichheit.

Was für einen herrlichen Berater könnte der Mann in seiner Frau finden, wenn sie zu denken verstünde, einen Berater, dessen Interessen nicht nur den Lenz des Lebens lang in einem einzigen Punkte, sondern in allen Dingen des ganzen gemeinsamen Lebens genau die seinigen wären.

Die meisten Männer haben in ihrem Leben einen Augenblick, wo sie Großes leisten könnten und wo ihnen nichts unmöglich wäre. Durch die Unwissenheit der Frauen geht dieser glänzende Augenblick dem Männergeschlecht verloren. Allenfalls bewirkt es die Liebe, daß wir anständig zu Pferd sitzen und in der Wahl unseres Schneiders geschickt sind.

Bei richtiger Lebensanschauung erkennt man um so klarer, je mehr Geist man hat, daß die Gerechtigkeit der einzige Weg zum Glück ist. Genie ist eine Macht, aber noch mehr eine Leuchte, um die große Kunst des Glücklichseins zu finden.

Wenn ich die Macht hätte, Gesetze zu geben, so würde ich den jungen Mädchen möglichst genau dieselbe Erziehung angedeihen lassen, wie den Knaben. Ich will zugeben, daß die kleinen Mädchen weniger körperliche Kräfte haben als die Knaben. Wenn man daraus aber auf den Geist schließen wollte, müßten Voltaire und Dalembert, die ersten Köpfe ihres Jahrhunderts, auch berühmte Boxer gewesen sein. Es ist vielmehr eine allbekannte Sache, daß ein zehnjähriges Mädchen zwanzigmal verschmitzter ist als ein gleichaltriger Junge. Warum ist aber eine zwanzigjährige dumm und unbeholfen und fürchtet sich vor einer Spinne, während der Knabe dann ein gebildeter Mensch geworden ist? Wenn auch die heutige Erziehung der Knaben nicht ganz richtig ist, – man unterrichtet sie nicht in den wichtigsten Wissenschaften, in der Logik und Ethik. – so ist es doch immer noch besser, die jungen Mädchen ebenso zu erziehen, als sie nur Musik, Malen und Sticken zu lehren.

Ein großer Vorteil der Schule (im Gegensatz zum Unterricht zu Hause) ist der, daß die Kinder von ihren Schulgefährten unwillkürlich die Kunst lernen, wie man in der Welt lebt und für seinen Vorteil sorgt. Ein kluger Lehrer sollte den Kindern ihre kleinen Streitereien und Freundschaften vor Augen führen und damit den Unterricht über die Moral beginnen, statt mit der Geschichte vom goldenen Kalbe. Ich möchte, daß die jungen Mädchen das Lateinische erlernten. Das Lateinische ist vortrefflich, weil es lehrt was Langeweile ist. Daneben Geschichte, Mathematik, Pflanzenkunde, die sich namentlich auf die Nähr- und Arzneipflanzen zu erstrecken hätte, Logik und Ethik. Der Unterricht im Tanzen, in der Musik und im Zeichnen müßte mit fünf Jahren beginnen. Mit sechzehn Jahren, wenn die Mädchen daran denken müssen, sich einen Mann zu suchen, müssen sie von ihrer Mutter eine richtige Vorstellung über die Liebe, die Ehe und die Untreue der Männer erhalten.

Heute läßt man die jungen Mädchen unter dem hinfälligen Vorwande der Schicklichkeit in Unkenntnis über Dinge, die sie durch die künftigen Wechselfälle des Lebens leiten könnten. Man verbirgt ihnen sogar deren Vorhandensein, leugnet die Wirrsale des Lebens ab und vermehrt sie somit noch durch die Wirkung der Verwunderung und des Mißtrauens, das später die ganze Erziehung im Lichte der Lüge erscheinen lassen muß. Ich behaupte immer wieder, daß es zu der guten Erziehung eines jungen Mädchens gehören muß, es auch über die Liebe zu belehren. Wer möchte im Ernst behaupten, daß ein junges Mädchen mit sechzehn Jahren bei unseren heutigen Sitten nichts vom Dasein der Liebe wüßte. Julie von Etanges in der *Neuen Heloise* gesteht klagend, daß ihr Wissen von einer Kammerzofe herrühre. Man muß Rousseau dankbar sein, daß er in einem Jahrhundert der falschen Scham so wahre Sittenbilder zu malen gewagt hat.

Da die heutige Erziehung der Frauen vielleicht die lächerlichste Geschmacklosigkeit des modernen Europas ist, so sind die Frauen um so mehr wert, je weniger sie diese sogenannte Erziehung gehabt haben. Deshalb sind die Frauen Italiens und Spaniens den Männern so überlegen und ich glaube auch den Frauen der anderen Länder.

Das lächerlichste der heutigen Erziehung liegt darin, daß man die jungen Mädchen nur Dinge lehrt, die sie schnell wieder vergessen müssen, sobald sie verheiratet sind. Sechs Jahre lang treiben sie täglich Musik und malen zwei Stunden lang Pastell oder Aquarell. Dabei bringen es die meisten nicht einmal zu einer leidlichen Mittelmäßigkeit. Daher das wahre Sprichwort: Dilettanten sind Ignoranten.

Selbst wenn eine junge Frau etwas Begabung gehabt hat, nimmt sie nach dreijähriger Ehe höchstens einmal im Monat die Noten oder den Pinsel zur Hand; diese Beschäftigung ist ihr langweilig geworden, außer wenn ihr der Zufall eine Künstlerseele verliehen hat. Aber das kommt selten vor und vereinbart sich überhaupt kaum mit Haushaltssorgen.

Nur Ignoranten feinden die Frauenerziehung instinktiv an. Heute vertändeln sie ihre Zeit mit ihnen, machen ihnen den Hof und werden von ihnen gut behandelt. Aber was würde aus ihnen, wenn die Frauen einmal den Walzer satt bekämen? Wenn wir aus Afrika oder Asien heimkommen, mit verbrannten Gesichtern und einer Stimme, die noch nach einem halben Jahre etwas grob klingt, was könnten *jene* auf unsere Erzählungen antworten, wenn sie nicht sagen könnten: »Wir, wir haben die Frauen auf unserer Seite. Während Sie in der Ferne waren, hat sich die Farbe der Dogcarts geändert. Jetzt sind schwarze Mode.« Wir hören aufmerksam zu, denn das zu wissen, ist nützlich. Manche hübsche Frau wird uns keines Blickes würdigen, wenn unser Wagen einen schlechten Geschmack verrät.

Eben diese Tröpfe, die als Männer mehr zu wissen glauben, als die Frauen, wären gänzlich in den Schatten gestellt, wenn die Frauen etwas lernen wollten.

Nicht die Gesellschaft und Unterhaltung eines Mann-Weibes, sicherlich aber die einer wohlunterrichteten Frau, falls sie ihren Ideenkreis ohne Verlust der weiblichen Anmut erweitert hat, wird unter den hervorragendsten Männern ihres Jahrhunderts eine Beachtung finden, die an Begeisterung streift.

Mag sich unsere Geliebte den Vormittag, während wir auf dem Exerzierplätze oder im Parlament waren, mit Blumenmalen oder mit dem Lesen eines shakespeareschen Dramas vertrieben haben: in beiden Fällen waren ihre Vergnügungen harmlos; nur wird sie uns nach unserer Heimkehr langweilen, wenn sie uns ihre Gedanken beim Malen ihrer Rosen erzählt, und obendrein wird sie abends ausgehen wollen, um in der Geselligkeit etwas lebhaftere Eindrücke zu finden. Wenn sie dagegen Shakespeare mit Verstand gelesen hat, dann ist sie müde wie wir, und ein einsamer Spaziergang an unserem Arm im Bois de Vincennes wird sie glücklicher machen, als der Besuch der grüßten Gesellschaft. Die Freuden der großen Gesellschaft sind glücklichen Frauen nichts.

Über Raffael. (Aus den Wanderungen in Rom.)

Raffael ist in Rom, was einst Herakles im heroischen Griechenland war; alles Große und Edle, was in der Malerei vollbracht worden ist, schreibt man jenem Heros zu. Sogar sein Leben, dessen Ereignisse so einfach sind, ist unklar und geheimnisvoll geworden, so sehr hat es die Bewunderung der Nachwelt mit seltsamen Zügen ausgeschmückt. Träumerisch durchstreife ich den hübschen Garten der Farnesina am Tiberufer; seine früchtebeladenen Orangenbäume erzählen mir vom Leben Raffaels, das angetan zu sein scheint, den Eindruck seiner Werke zu erweitern.

Geboren am Gründonnerstag 1473 ist er am nämlichen Tage des Jahres 1520 im Alter von siebenunddreißig Jahren gestorben. Der Zufall, einmal gerecht, hat in diesem so kurzen Leben anscheinend alle Arten von Glück vereint. Raffael besaß das Graziöse und die liebenswürdige Zurückhaltung des Hofmannes, ohne dabei Falschheit, ja kaum Vorsicht zu haben. Ein wirklicher einfacher Mensch wie Mozart, dachte er an keinen Mächtigen, sobald er außerhalb seines Gesichtskreises war. Er träumte nur von Schönheit und Liebe. Sein Onkel Bramante, der berühmte Baumeister, pflegte für ihn zu intrigieren. Raffaels früher Tod ist einer der größten Unglücksfälle, die die arme Menschheit betroffen haben.

Er wurde in Urbino geboren, einer kleinen malerischen Stadt in den Bergen zwischen Pesaro und Perugia. Man braucht nur die Landschaft dort anzuschauen, so weiß man, daß ihre Bewohner durch Geist und Lebhaftigkeit hervorragen müssen. Gegen 1480 standen die schönen Künste dort in Blüte.

Der erste Lehrer Raffaels war sein Vater, zweifellos nur ein leidlicher, aber ein gesunder Maler. Man betrachte die *Verkündigung* des Giovanni Santi in der Mailänder Brera. Neue Ideen gewann er, als er die Werke des Fra Carnevale kennen lernte, eines Malers, der bedeutender als sein Vater war. Er kam dann nach Perugia in die Werkstätte des Pietro Banuccia genannt Pietro Perugino. Bald war er imstande, Bilder zu malen, die vollkommen denen seines Lehrers glichen, nur daß die Züge seiner Köpfe weniger spießbürgerlich aussahen. Seine Frauen sind bereits schön, ihre Gesichter zeigen einen edlen Charakter, ohne hart zu sein. In der Brera zu Mailand findet man ein Meisterwerk aus Raffaels Jugend, die *Vermählung Mariä*, die von dem berühmten Longhi gestochen worden ist. Die zarte edle anmutsvolle Seele des jungen Malers begann den tiefen Respekt, den er noch für die Unterweisungen seines Lehrers hegte, zu überwinden. Vor der Revolution sah man in der Galerie des Herzogs von Orleans einen *Christus mit dem Kreuze auf dem Gang nach Golgatha*, ein reizvolles kleines Bild völlig gleichen Charakters. Raffael hat immer eine Scheu vor der Darstellung sehr bewegter Handlungen gehabt, wie sie von Diderot und anderen Literaten so geschätzt werden. Seine hohe Seele fühlte, daß die Malerei nur aus Notbehelf extreme Leidenschaften schildern darf.

Im Jahre 1504 kam Raffael nach Florenz, wo er unter anderen mit einem Genie der Malerei, Fra Bartolommeo della Porta befreundet wurde. Dieser Mönch unterwies ihn im Helldunkel. Im Jahre 1505 finden wir ihn in Perugia, wo er für die Kapelle des Klosters San Severo eine Freske malte. Aus dieser Zeit rührt auch seine *Grablegung Christi* in der Villa Borghese her.

Raffaels Werke aus den Jahren 1504 bis 1508 kennzeichnen den zweiten Abschnitt seiner Malweise, zum Beispiel die *Madonna del Cardellino*, die man in der Tribuna der Uffizien in Florenz bewundert.

Im Jahre 1508 kam Raffael von Florenz nach Rom, fünfundzwanzig Jahre alt. Welche Gefühle mußten beim Anblick der ewigen Stadt in seiner zarten edlen, das Schöne so liebenden Seele erstehen? Seine neuen Ideen und seine außergewöhnliche Milde gewannen ihm die Bewunderung des schrecklichen Julius des Zweiten, zu dem er nunmehr durch Bramantes Vermittlung in Beziehungen trat. Wie Canova ging dem großen Manne jeglicher Sinn für Intriguen ab. Die einzige Leidenschaft, die wir zu dieser Zeit in Raffael finden können, galt der Antike.

Er erhielt den Auftrag, die *Stanzen des Vatikans* zu malen. Kaum nach einem Monat blickte ganz Rom auf Raffael wie auf den größten Maler, den es je gegeben hat. Er wurde der Freund aller geistvollen Menschen seiner Zeit, unter denen sich ein großer Mann, Ariost und der Schriftsteller, der allein für sich die Opposition des Jahrhunderts von Leo dem Zehnten bildete, Aretin. Während Raffael die Stanzen malte, rief Julius der Zweite Michelangelo zu sich an seinen Hof.

Die Parteigänger des letzteren waren die einzigen Feinde Raffaels, ohne daß er der ihre war. Er hat wohl nie jemanden gehaßt; er gab sich viel zu sehr seiner Liebe und seinen Arbeiten hin. Was Michelangelo anbetrifft, so begriff dieser das Genie Raffaels keineswegs. Seine Rede war, dieser junge Mann sei ein Beispiel dafür, was das Studium ausmache. Genau so urteilte Corneille über Racine. Raffael hingegen war allezeit voll Achtung für jenen bewunderungswerten Mann, den ihm die Ränke des römischen Hofes zum Rivalen machten. Er dankte dem Schicksal, daß er im Zeitalter Michelangelos geboren war.

Raffael starb 1520, zwölf Jahre nach seiner Ankunft in Rom. Wir finden *Porträts der Fornarina* die die Veranlassung zu seinem Tode war, im Palast Barberini und in der Villa Borghese.[47] Ihr Kopf zeigt einen großen Charakter: viel Freimütigkeit, Abscheu vor jeder Arglist und fast jene Urwüchsigkeit, wie man ihr im Viertel Travestere begegnet. Ihr Kopf hat ganz und gar nichts von der eleganten Ziererei, der Melancholie und der Schwäche, die das neunzehnte Jahrhundert in der Geliebten Raffaels finden will. Eher könnte man sie aus Rache häßlich nennen. Raffael hat sie treu und leidenschaftlich geliebt.

Das Gemälde, das Raffaels Talent am besten erkennen lehrt, ist die *Disputa* in den Stanzen des Vatikans. Nie wieder hat er mit dem großem Wunsche, etwas zu leisten, gearbeitet. Jung, eben erst in Rom angekommen, im Verkehr mit acht bis zehn berühmten, auf seine wachsende Berühmtheit eifersüchtigen Malern, hat er es höchst wahrscheinlich ganz selbständig gemalt.

Ein sehr berühmtes Bild ebenda, von dem im Louvre eine gute Kopie hängt, ist der *Incendio del Borgo*. Der Präsident Dupaty hat eine lebhafte Schilderung dieser Freske gegeben. Gegen die Mitte des neunten Jahrhunderts brach in den Gebäuden des Borgo Vaticano eine Feuersbrunst aus und bedrohte die Peterskirche. Leo der Vierte begab sich auf die loggia della benedizione, machte das Zei-

---

[47] Das zu zweit genannte Porträt ist nur eine Wiederholung des ersten (das sicher von Raffaels Hand herrührt) vielleicht von Sassoferrato

chen des Kreuzes und das Feuer verlöschte. Auf dem Bilde bemerkt man links im Hintergrunde die Fassade der alten Basilika von Sankt Peter. An diesem Gemälde stört uns die Wahrnehmung, daß eine Feuersbrunst und nicht das Wunder dargestellt ist. Nichts deutet an, daß das Feuer in dem Augenblick erlischt, wo der Papst das Zeichen des Kreuzes macht.

Verwirrung und Schrecken herrschen auf der Seite links vom Beschauer vor; auf der rechten denkt man bereits daran, Wasser herbeizuholen. Die Einzelheiten sind prächtig. Zur Rechten sieht man jene berühmte Gestalt: ein junges Mädchen, ein Gefäß voll Wasser auf dem Kopfe, das nach Hilfe ruft. Die antike Plastik hat nichts Besseres geschaffen. Welche Unnatürlichkeit würde man heutzutage in eine solche Gestalt im Vordergrunde legen!

Zur linken sieht der Beschauer einen jungen Mann, der einen Greis auf seinen Schultern trägt, offenbar seinen Vater. Dem jungen Menschen folgen Weib und Kind. Es ist Äneas, der den alten Anchises beim Brande von Troja rettet. Von der Höhe einer Mauer will sich ein Mann, der sich kaum noch mit den Fingerspitzen festhält, zum Erdboden herablassen.

Eine nackte Frau zeigt ihren Sohn seinem Vater, der die Arme ausbreitet, um ihn in Empfang zu nehmen.

Die Mitte des Vordergrundes dieses Gemäldes wird von einer Gruppe Frauen und Kinder ausgefüllt, lebhaften Bildern der Verwirrung, der Furcht und der Bestürzung. Eine dieser Frauen kniet, ihre Haare sind aufgelöst, mit zum Himmel erhobenen Händen erfleht sie Rettung von oben; eine andere drückt ihren kleinen Sohn gegen ihre Brust und blickt auf das Feuer; eine dritte treibt ihre Tochter, die kniet und die Hände gefaltet hat, an, den Papst um Hilfe anzugehen. Die vierte beschleunigt den Lauf ihrer Kinder, die vor Angst und Verwirrung nicht wissen, was sie tun sollen.

An diesen Gestalten sieht man, wie weit Raffael von dem heutigen Geschmacke, der die magere Schlankheit überschätzt, entfernt war. Offenbar glaubte Raffael, daß allein in kräftigen Körpern starke Leidenschaften und alle ihre Schattierungen, die das Lieblingsgebiet der Künste abgeben, Hausen könnten. Zweifellos kann auch ein schwacher gebrechlicher häßlicher Körper wie der Voltaires, den man in der Bibliothek des Instituts sieht, die leidenschaftlichste

Seele bergen. Man kann sogar behaupten, daß die heftigen Leidenschaften naturgemäß dem Körper Spuren des Verfalls aufdrücken. Aber dieser betrübenden Wahrheit Ausdruck zu geben, ist die Kunst nicht imstande. In der Malerei muß ein leidenschaftliches Weib schön sein, zum mindesten nicht durch Mangel an Schönheit auffallen.

Um die Seelen auszudrücken, hat die Plastik nur die Form der Muskeln. Sie bedarf des Nackten. Die Malerei hat weitere Mittel in Farbe und Licht. Hier möchte ich wiederum Correggio nennen, von dem ich, wie mir meine Freunde vorwerfen, viel zu viel spreche. Die Behandlung des Lichtes, das Helldunkel, ist eine schwache Seite an Raffael. Dieser große Maler ist nie unnatürlich, nie verstößt er gegen den Geschmack, aber hinsichtlich des Helldunkels steht er nicht nur weit unter Correggio, sondern er erreicht nicht einmal das Können seines Freundes Fra Bartolommeo della Porta. Wenn man sich ferner des *Martyriums der heiligen Petronilla*[48] und der *Aurora* des Guercino erinnert, so sieht man, daß Raffael in genannter Beziehung auch viel schwächer als Guercino ist, der sonst im Vergleich zu jenem großen Meister nichts ist als ein einfacher Handwerker.

---

[48] In der Galerie des Kapitols

Madame de Staël.

Mailand, 18. Juni 1818.[49]

Dir, der Du in der Gesellschaft der Madame de Staël gelebt hast, als ihre Verbannung das Interesse auf ihre Persönlichkeit lenkte, widme ich ein paar beurteilende Gedanken, die mir die Lektüre ihres eben erschienenen nachgelassenen Werkes eingegeben hat; es hat mich in eine tiefe Empörung versetzt. Denkst Du nicht wie ich, daß es eine infame Feigheit ist, sich derartig über Napoleon in Sankt-Helena auszulassen?

Ich besitze bei weitem nicht den kleinsten Teil von den Fähigkeiten, die man haben muß, um den Wert der ›Betrachtungen über die hauptsächlichsten Ereignisse der französischen Revolution‹ der Madame de Staël zu erörtern. Ist es ein gediegenes Werk oder lediglich ein Modebuch, das von Europa soeben in 60 000 Exemplaren verschlungen worden ist? Ich hüte mich wohl, darüber zu entscheiden, ich beschränke mich zu sagen, daß 248 Seiten des zweiten Bandes (von Seite 172 bis 420) mehr kindische Ansichten, Verschrobenheiten, Blödsinn aller Art und, ich wage es zu sagen, Verleumdungen als je ein anderes, in der gleich hohen Auflage verkauftes Buch enthalten.

Ich erblicke in der Madame de Staël eine Frau ohne feines Gefühl und vor allen: ohne Scham vor dem feinen Gefühl, aber voll von geistreicher Phantasie, deren Schulung im besten Falle die Lektüre von Hume und allenfalls Montesquieu gewesen ist, aber ohne daß sie irgend etwas dabei begriffen. Sie war in den Salons von Europa eingeführt und sie hat zeitlebens mit den ersten Menschen des Jahrhunderts verkehrt. Über alle großen Probleme, die seit dreißig Jahren im Schwange sind, hat sie Phrasen aufgeschnappt. Aber mitten im Strudel der großen Gesellschaft, die das Glück dieser melancholischen Frau war, galt ihr eigentlichstes Studium den Salonerfolgen und den mannigfaltigen Charakteren ihrer Freunde.

Da die Verfasserin bei ernsten Stoffen konsequent zu folgern nie verstanden hat, so ist auch ihr Buch eine Sammlung von Redensarten, die sich um sich selbst drehen und einander widersprechen. Es

---

[49] Brief an Romain Colomb

ist das ein natürliches Ergebnis ihrer Darstellungsweise. Madame de Staël hat in diesen Memoiren alle witzigen Phrasen untergebracht, die sie seit vierzig Jahren gesagt und gehört hat.

Etwas, was mich beinahe überzeugt, daß die Ausländer wirklich weniger geistreich sind als wir, ist ihr Absatz über Napoleon, das einzige wirklich langweilige, was sie je geschrieben hat. Sie sucht den Geist in ihm. Welchen Geist! Da ihr schließlich der eigene Geist dabei ausgeht, nimmt sie ihre Zuflucht zu gefühlvollen Redereien, was man romantischen Stil nennt. Wenn sich Madame de Staël in der Hitze verstiegen hat, gewöhnliche Gefühle mit einer Schwulst gesuchter und wunderlich gruppierter Worte zu bemänteln, so meint sie steif und fest, Wunder etwas im Stile von Ludwig dem Vierzehnten vollbracht zu haben. Das ist erbliche Belastung. Ich glaube beinahe, sie hatte die anmaßende Verschrobenheit, auf die großen Schriftsteller jener Zeit eifersüchtig zu sein. Hierin liegt einer der geheimen Gründe ihres Hasses gegen Ludwig den Vierzehnten; der andere Grund ist der, daß Herr von Necker nicht hatte Minister unter Ludwig dem Vierzehnten werden können.

Die Heldennamen der Madame Bertrand und der Madame de la Valette werden von der Nachwelt noch geehrt werden, wenn die Namen der Madame de Staël und der Madame de Genlis[50] längst im Schwarm der gewöhnlichen Seelen, die die Tugend nur zu bewundern wissen, wenn sie als Opfer für die Macht angewendet wird, versunken sind.

Und doch war es, – man muß es sagen, – ein seltsames und reizendes Bild, das Madame de Staël bot, wenn sie im Schlosse von Coppet die Honneurs machte. Das aristokratische Bewußtsein, einer erlesenen Gesellschaft anzugehören, machte offengestanden dreiviertel des Reizes dieses Kreises aus. Jene eigenartige Frau improvisierte inmitten einer großen Menge Menschen, die äußerst stolz waren, da zu sein. Keineswegs war es Geselligkeit und Heiterkeit, was den Salon von Coppet belebte, vielmehr auf der einen Seite Ziererei und auf der anderen der Genuß, erstaunliche Dinge ohne Vorbereitung vortragen zu hören. Ich wundere mich nur über die Torheit Napoleons, daß er es nicht verstanden hat, ein so verführe-

---

[50] Verfasserin von seichten Moderomanen, etwa vergleichbar den heutigen der Frau von Eschstruth, nur daß diesen der französische Esprit fehlt

risches Wesen, das bestimmt war, so viel Einfluß auf die Franzosen auszuüben, für sich zu gewinnen. Warum setzte er ihr denn nicht eine jährliche Dotation in der Höhe der Gehälter für zwei Präfekten und hundert Kammerherren aus?

Das Hauptverdienst der Madame de Staël ist es, daß sie die Menschen, mit denen sie diniert hatte, gut geschildert hat, Sieyès zum Beispiel. Und dann enthält ihr Buch eine gute Auswahl von Anekdoten; aber wieviel geht durch ihren unnatürlichen und effekthaschenden Stil von ihrer scharmanten und reizenden Plauderei verloren?

»Delphine« ist ein steifer langweiliger und abscheulicher Roman. Der Geist der Madame Staël gab ihr ein, den »Esprit de lois« der Gesellschaft von 1780 zu schreiben. Alles, was sich in »Delphine« dieser Absicht nähert, ist reizvoll. Aber um die Leidenschaften in gefälliger Weise dichterisch darzustellen, muß man unbedingt eine Seele und mehr noch eine edle und wahre Seele haben. Wenn man sie in der französischen Literatur durch Zufall fände, so müßte ein Schriftsteller, der es fertig bringt, nach den Metzeleien von Nimes die Aristokratie herauszustreichen, Bonaparte nach der Verbannung nach Sankt-Helena zu verleumden und bis zum Übelwerden von leidenschaftlicher Verehrung zu sprechen, wo er doch ganz augenscheinlich zu Ludwig dem Fünfzehnten die übliche Untertanenliebe hegt, – ein solcher Schriftsteller müßte, so pikant sein Stil sein mag, doch schließlich wenig gelesen werden und sich vor Verachtung und Vergessenheit nicht retten können. Das Eindringen liberaler Ideen hat eben eine neue Literatur hervorgerufen. Die erste Eigenschaft, die unsere neuen Herzensbedürfnisse verlangen, ist die Freimütigkeit, sei es im Charakter, sei es in den Schriften. Ich fürchte nur, das mehr oder weniger seine Jesuitentum wird niemals altmodisch werden.

Das Buch »Über Deutschland« der Madame de Staël dürfte ihre anderen Bücher um zwanzig Jahre überleben. Dieses Werk wird erst vergessen werden, wenn wir zwei andere gut verfaßte, vor allem über die romantische Literatur gut geschriebene Bände haben. Der Versuch der Madame de Staël ist annehmbar, wenn er auch auf allen Seiten voller Fehler ist. Sehr einfach, sie verstand nicht deutsch und man kann überzeugt sein, sie hat ihr Buch nach Auszügen geschrieben, die ihr A. W. Schlegel geliefert hat.

Was würden wir von einem englischen Literaten sagen, der unsere großen Schriftsteller beurteilen wollte und, ohne ein Wort französisch zu verstehen, nur Übersetzungen gelesen hätte? Madame de Staël mußte befürchten, daß ihr die deutschen Schriftsteller diesen schweren Vorwurf machen würden. Sie hat sicher ihr Stillschweigen auf ihre eigene Weise erkauft. Sie hatte es mit einem anspruchsvollen Volke zu tun, das den Charakter und die Originalität, aber auch die ganze Eitelkeit eines Parvenüs hat. Darum hat sie in komischer Art das Verdienst der kleinen deutschen Schriftsteller übertrieben. Die Aimé Martins und Lacretelles von Deutschland sind heute noch ganz verwundert, sich als berühmte Schriftsteller zu sehen.

Was Goethe und Schiller, zwei wahrhaft große Männer anbelangt, so hat sie ihre Persönlichkeiten gekannt und gut geschildert, aber über ihre Werke ist sie sich nicht recht im klaren. Schiller zum Beispiel ist reich an großartigen Bildern, die, wie man sie auch ins Französische übertragen mag, dabei lächerlich verdorben werden. Sehr einfach: es sind Phantasien einer großen Seele, die einer anderen Art von Kultur entströmen. Was für vorzügliche Übersetzungen sich Madame de Staël auch hat machen lassen, sie hat sich doch nimmermehr den wirklichen Gedanken dieses Dichters verschaffen können. Wenn diese Betrachtung für die Öffentlichkeit bestimmt wäre, würde ich sie in folgender Weise mildern:

Ich wäre sehr enttäuscht und noch mehr betrübt, wenn ich mich meinen Empfindungen für einen ebenso unglücklichen wie berühmten Wohltäter überlassend, nur einen Augenblick im Zweifel sein könnte, daß meine Hochachtung vor den sozialen Tugenden des ernsthaften Autors, den anzugreifen ich die unbedingte Pflicht zu haben glaube, nicht gerechtfertigt wäre.

Wenn ich mich, verleitet durch etwas, was mir Tatsache zu sein scheint, einer gewissen, ein wenig allzu lebhaften Ausdrucksweise bedient haben mag, einer Sache gegenüber, die ich als Lüge betrachtete und zwar als eine Lüge mit der Front gegen das größte Unglück, dann bitte ich die Manen der Verfasserin von »Delphine« um Verzeihung. Es ist nicht mangelnde Achtung ihr gegenüber, wenn ich die Überzeugung habe, daß die Fähigkeiten, die zu einem guten Roman ausreichen, etwas verschieden von denen sind, die man haben muß, um Geschichte zu schreiben.

Es ist erst ein Jahr her, daß Frankreich Madame de Staël verloren und beweint hat. Man wird es vielleicht wenig rücksichtsvoll finden, daß eine unberühmte Feder mit soviel Eifer ihre Fehler hervorzuheben sucht. Aber sie hat sich vermessen, mit der ganzen Wucht ihres europäischen Rufes einen großen Mann zu schmälern, der fern von Weib und Sohn in einem tödlichen Klima gefangen gehalten wird, einem langsamen baldigen Tode geweiht, ein Raub alles Unglücks, das die Menschen auf einen ihresgleichen verhängt haben!

Wer nach der Berühmtheit strebt, unterwirft sich damit auch stillschweigend der Möglichkeit des ausbleibenden Erfolges. Es wäre eine ganz besondere Anmaßung, wenn man gegen dieses ebenso billige wie allgemeine Gesetz gefeit sein wollte. In jenen »Betrachtungen« der Madame de Staël steckt aber allzuviel Anmaßung jeglicher Art.

Ich meinerseits habe nur die Anmaßung, daß ich es an Höflichkeit und an gerechter Schätzung meiner eigenen unendlichen Unbedeutendheit nicht habe fehlen lassen, indem ich gegen ein Buch ankämpfe, das ich für eine schlechte Tat halte.

Mailand im Jahre 1796.

(1839.)

Am 15. Mai 1796 hielt der General Bonaparte seinen Einzug in Mailand, an der Spitze jener jungen Armee, die kurz vorher die Brücke von Lodi erstürmt und der Welt verkündet hatte, daß sich nach so vielen Jahrhunderten ein Nachfolger Cäsars und Alexanders gefunden habe. Die Wunder der Tapferkeit und des Genies, deren Zeuge Italien seit einigen Monaten gewesen, hatten ein Volk aus seinem Schlafe aufgerüttelt. Noch acht Tage vor dem Einrücken der Franzosen hatten die guten Mailänder in ihnen nur ein Brigantengesindel gesehen, gewöhnt, vor den Truppen Seiner kaiserlichen und königlichen Majestät überall das Hasenpanier zu ergreifen; so wenigstens wiederholte ihnen wöchentlich dreimal ein handgroßes, auf Löschpapier gedrucktes, offizielles Zeitungsblatt.

Im Mittelalter hatten die republikanischen Lombarden eine beinahe französische Tapferkeit bewiesen und es wohl verdient, ihre Städte von den deutschen Kaisern der Erde gleichgemacht zu sehen. Seitdem sie sich aber in getreue Untertanen umgewandelt, bestand ihr Haupt- und Staatsgeschäft darin, Sonette auf niedliche Tücher aus rosafarbenem Taft drucken zu lassen, wenn sich die Vermählung dieser oder jener Tochter irgend eines edlen oder reichen Patriziergeschlechts zutrug. Zwei oder drei Jahre nach diesem wichtigen Lebensabschnitte nahm die Neuvermählte einen *Cavaliere servente*, ja, oftmals prangte der Name des von der Familie des Gatten schon im voraus zum künftigen Cicisbeo erkorenen Glücklichen schon mit im Ehekontrakt. Wie himmelweit verschieden von dieser verweichlichten Kultur war daher der Aufschwung, den das unerwartete Erscheinen des französischen Heeres erregte. Neue Sitten und Leidenschaften tauchten alsbald auf. Ein ganzes Volk ward am 15. Mai 1796 plötzlich inne, daß alles, was ihm bis dahin wichtig und verehrungswürdig erschienen war, im Grunde nur höchst lächerlich und hier und da sogar hassenswert sei. Der Abmarsch des letzten österreichischen Regiments bezeichnete den Umsturz der alten Ideen; sein Leben Gefahren auszusetzen, kam in die Mode; man erkannte nach jahrhundertelanger geistiger Entartung, daß man, um glücklich zu sein, wahre Vaterlandsliebe und Heldentum hegen müsse. Die lange Nacht, die seit dem eifersüchtigen Despotismus Karls des Fünften und Philipps des Zweiten angedauert hatte, verschwand; ihre Bildsäulen wurden niedergerissen, ein blendender Lichtstrom überflutete mit einem Male die Lombardei. Seit fünfzig Jahren, seitdem die Enzyklopädie und Voltairè in Frankreich mehr und mehr Fuß faßten, predigten die Mönche den guten Mailändern aus vollem Halse, daß das Lesenlernen sowie überhaupt jede Wissenschaft eine höchst überflüssige Quälerei sei. Wenn man nur seinem Pfarrer pünktlich und gewissenhaft den Zehnten entrichte und auch nicht die kleinste Sünde im Beichtstuhl verschweige, so könne man mit ziemlicher Bestimmtheit auf ein herrliches Plätzchen im Paradiese rechnen. Und um dieses herrliche ehemals so freche und vorlaute Völkchen noch vollends zu entnerven, hatte ihnen das deutsche Kaiserreich um einen annehmbaren Preis zuletzt noch das Privilegium verkauft, den kaiserlichen Heeren keine Rekruten zu stellen.

Zu Anfang des Jahres 1796 bestand die mailändische Heeresmacht nur aus vierundzwanzig rotuniformierten Halunken, denen der Schutz der guten Stadt anvertraut war, wobei ihnen allerdings vier prächtige ungarische Grenadierregimenter halfen. Die Freiheit der Sitten war ganz außerordentlich, Leidenschaften dagegen etwas höchst Seltenes; zudem war das gute Mailänder Volk außer jener Unbequemlichkeit, dem Beichtvater bei Strafe der ewigen Verdammnis alles haarklein berichten zu müssen, noch gewissen kleinen monarchischen Einschränkungen unterworfen, die nicht weniger unbequem waren. So zum Beispiel war der kaiserliche Statthalter der Provinz, der in Mailand residierte, auf den lukrativen Einfall gekommen, sich mit Getreidehandel zu befassen. Demgemäß war den Bauern streng verboten, ihr Getreide eher zu verkaufen, als bis die Speicher Seiner Hoheit gehörig gefüllt waren.

Im Mai 1796, drei Tage nach dem Einzuge der Franzosen hörte ein junger, ziemlich verrückter, seitdem berühmt gewordener französischer Miniaturenmaler, namens Gros, der der Armee nachgeschlendert war, im Kaffeehause *dei Servi*, das damals Mode war, von diesem einträglichen Geschäftchen des Statthalters eines und das andere erzählen; er nahm das aushängende, auf einen Bogen groben gelben Papiers gedruckte Verzeichnis aller Sorten von Gefrorenem her und skizzierte auf dessen Rückseite den österreichischen Statthalter, wie ihm ein französischer Soldat einen Bajonettstoß in den

Bauch verabreichte. Aber anstatt Blut ergoß sich eine ungeheuere Menge Getreides daraus. Was man anderwärts Witze und Karikaturen zu nennen pflegt, war in jenem Lande des vorsichtigen Despotismus etwas Unbekanntes, und so staunte man die von Gros auf dem Tische im Kaffeehaus liegen gelassene Karikatur wie ein vom Himmel herabgefallenes Wunder an; noch in derselben Nacht ward sie in Kupfer radiert und anderen Tages in zwanzigtausend Abdrücken verkauft. Am nämlichen Tage verkündigten große Maueranschläge die Erhebung einer Kriegskontribution von sechs Millionen Franken für die französische Armee, die in wenigen Wochen sechs Schlachten gewonnen und ein Dutzend Provinzen erobert hatte, und der nichts weiter fehlte, als Stiefel, Beinkleider, Röcke, Hemden und Hüte.

Die Masse von Glück und Freude, die mit diesen so armen Franzosen in die Lombardei einzog, war so groß, daß nur die Geistlichkeit, der Adel und die Reichen die Bürde dieser Kriegssteuer empfanden, der bald noch einige dergleichen nachfolgten. Die Soldaten der französischen Republik taten den lieben langen Tag nichts als Lachen und Singen. Es waren größtenteils Kerlchen unter fünfundzwanzig Jahren; ihr Obergeneral, obgleich selbst erst siebenundzwanzig, erschien fast unter ihnen wie weiland Nestor im Heere der Hellenen. Diese Heiterkeit, diese Jugend, diese Sorglosigkeit entsprachen in ihrer gefälligen Art ganz und gar nicht den furchtbaren Prophezeiungen der Mönche, die seit sechs Monaten von der Kanzel herab die Franzosen als Ungeheuer verschrieen hatten, die bei Todesstrafe verpflichtet wären, alles niederzubrennen und aller Welt die Köpfe abzuschneiden, zu welchem Zwecke jedes Regiment gleich eine Guillotine mit sich führe. Man sah vielmehr den französischen Soldaten auf dem Lande vor den Türen der Bauernhäuser sitzen, damit beschäftigt, das Jüngste seiner Quartiergeber in den Schlaf zu wiegen. Allabendlich rief die Geige irgend eines Tambours das junge Volk aus dem Dorfe zu einem improvisierten Balle zusammen, bei dem die Soldaten den Lombardinnen ihre Kontretänze zu lehren versuchten, oder, wenn das allzu schwer hielt, sich von ihnen den Monferino, die Saltarella und andere italienische Tanzweisen beibringen ließen.

Die Offiziere waren, so weit es möglich war, bei reichen Leuten einquartiert worden; sie bedurften allerdings etwelcher Restaurierungen. So hatte zum Beispiel ein gewisser Leutnant namens Robert ein Quartierbillet in den Palast einer Marchesa del Dongo erhalten. Dieser Offizier, ein leichtlebiger junger Mann, besaß bei seinem Einzuge in den Palazzo del Dongo in Summa Summarum nicht mehr als ein Sechsfrankenstück, das ihm der liebe Himmel in Piacenza beschert hatte. Nach dem Übergange über die Brücke von Lodi hatte er einem totgeschossenen, eleganten österreichischen Offiziere ein paar prächtige, nagelneue Nankingpantalons abgenommen, und niemals war ein Kleidungsstück zu gelegenerer Zeit gekommen. Seine Offizierepauletten waren nur von Wolle und das Tuch seines Waffenrockes war noch besonders an das Ärmelfutter angenäht, nur damit die Stücke noch zusammenhielten. Aber ein noch weit trauriger Umstand war zu verzeichnen: seine Schuhe waren nichts anderes als ein paar Stücke Filz von einem Soldatenhute, den er auf dem Schlachtfelde in der Nähe der Brücke von Lodi aufgelesen hatte, und diese Filzsohlen waren so sichtbar mit Bindfaden ans Oberleder geschnürt, daß der Haushofmeister des Hauses del Dongo, als er ins Zimmer des Herrn Leutnants trat, um ihn im Namen der Frau Marchesa zur Mittagstafel zu laden, in die tödlichste Bestürzung geriet. Der arme Robert und sein Bursche verbrachten die zwei Stunden bis zu dieser fatalen Mittagstafel damit, gemeinsam den Rock so gut als möglich zusammenzuflicken und die unglücklichen Bindfaden an den sogenannten Schuhen mit Tinte schwarz zu färben. Endlich schlug die gefürchtete Stunde. »In meinem ganzen Leben,« – erzählte mir der Leutnant Robert später – , »ist mir nie so miserabel zumute gewesen. Vielleicht dachten die Damen, ich wolle ihnen Angst einjagen, wo mir in Wirklichkeit doch das Herz mehr bebte wie ihnen. Ich blickte auf meine Schuhe und gab mir die größte Mühe, so graziös wie möglich zu gehen. Die Marchesa del Dongo war damals,« – fügte er hinzu, – »auf dem Höhepunkt ihrer Schönheit. Sie haben ihre so schönen und engelsanften Augen und ihre hübschen Haare von jenem Dunkelblond, das das Oval ihres reizenden Gesichtes so gut hervorhob, selbst gekannt. In meinem Zimmer hatte ich eine *Tochter der Herodias* von Lionardo da Vinci, die ihr Porträt zu sein schien. Gott wollte, daß ich von ihrer übernatürlichen Schönheit so ergriffen wurde, daß ich meinen Anzug ganz vergaß. Seit zwei Jahren waren mir in den Gebirgen um Genua nur häßliche und elende Dinge vor die Augen gekommen.

»Ich wagte es, einige Worte über mein Entzücken an sie zu richten, hatte aber doch noch so viel gesunden Verstand, um mich nicht allzu lange bei dergleichen Komplimenten aufzuhalten. Während ich diese Phrasen zusammenstoppelte, gewahrte ich in einem Speisesaale ganz von Marmor ein Dutzend Lakaien und Kammerdiener, deren Livree mir damals als der Inbegriff von Pracht erschien. Stellen Sie sich vor, diese, Schlingel hatten nicht nur gute Schuhe, sondern sogar noch silberne Schnallen darauf. Ich bemerkte gar wohl, daß ihre dummstolzen Blicke alle auf meinen Rock und vorzüglich auf meine Schuhe gerichtet waren. Das gab mir Stiche durchs Herz. Es wäre mir ein Leichtes gewesen, diese Kerle mit einem einzigen Worte zu Paaren zu treiben, wie aber hätte ich das anfangen sollen, ohne Gefahr zu laufen, die Damen zu erschrecken; denn die Marchesa hatte, wie sie mir späterhin oft erzählte, die Schwester ihres Mannes, Gina del Dongo, die nachmalige scharmante Comtessa di Pietranera, aus der Klosterschule holen lassen, um sich selbst ein wenig Mut zu machen. Niemand auf der Welt übertraf sie im Glücke an Munterkeit und an Liebenswürdigkeit des Geistes, wie ihr auch niemand an Mut und Seelenheiterkeit im Unglücke gleichkam.

»Gina, die damals dreizehn Jahre alt sein mochte, aber wie achtzehnjährig aussah, lebhaft und offen, – wie Sie wissen – hatte so große Not, beim Anblick meines Kostüms nicht vor Lachen herauszuplatzen, daß sie sich kaum zu essen getraute; die Marchesa dagegen überhäufte mich mit erzwungenen Höflichkeiten; sie sah mir meine Verlegenheit und Ungeduld recht wohl an der Nase an. Mit einem Worte, ich spielte eine alberne Rolle, gab mir aber alle erdenkliche Mühe, meinen Ärger hinunterzuwürgen, was bekanntlich einem Franzosen unmöglich sein soll. Endlich gab mir der Himmel einen lichten Gedanken ein: ich fing an, den Damen unser in den Gebirgen um Genua herum ausgestandenes Elend zu erzählen, woselbst uns alte, blödsinnige Generale zwei ganze Jahre eingepfercht und man uns mit im Lande ungültigen Assignaten und drei Unzen Brot täglich abgefertigt hatte. Aber keine zwei Minuten hatte ich erzählt, als der guten Marchesa die Tränen in die Augen traten und Gina höchst ernsthaft wurde. »Wie, Herr Leutnant,« rief die letztere, »nur drei Unzen Brot täglich?«

»Gewiß, Signorina, vielmehr auch diese Portionen blieben dreimal die Woche ganz aus, und da die armen Gebirgsbewohner, bei denen wir in Quartier lagen, noch weniger zu beißen hatten als wir, so haben wir ihnen auch noch ein wenig von unserm Brot abgegeben.«

»Als wir vom Tische aufstanden, bot ich der Marchesa meinen Arm und führte sie bis an die Saaltüre, kehrte dann schnell um und gab dem Lakaien, der mich bei der Tafel bedient hatte, mein einziges Sechsfrankenstück, um das ich mir schon die herrlichsten Luftschlösser erträumt hatte.«

Acht Tage später, nachdem man sich sattsam überzeugt, daß wir Franzosen niemandem den Kopf abschnitten, kehrte auch der Marchese del Dongo aus seinem Schlosse Grianta am Comersee zurück, wohin er sich beim Anrücken unserer Armee tapfer geflüchtet hatte, ohne seine junge schöne Gemahlin und seine Schwester vor den Wechselfällen des Kriegs zu schützen. Der Haß dieses Herrn Marchese gegen uns war nur seiner Furcht zu vergleichen, das heißt: beide waren nicht zu messen. Nichts war komischer als der Ausdruck seines frommen, bleichen, gedunsenen Gesichts, wenn er sich zwingen wollte, mir Artigkeiten zu sagen.

»Am Tage nach jenem verwünschten Diner erhielt auch ich meinen Anteil von jenen sechs Millionen Kriegssteuer in Gestalt von drei Ellen Uniformtuch und zweihundert Franken; ich staffierte mich neu aus und ward nun der Kavalier meiner schönen Wirtinnen, denn die Feste begannen.«

Die Geschichte des Leutnants Robert war so ziemlich die aller Franzosen; statt über ihr Elend zu spötteln, bemitleidete man diese tapferen Krieger und liebte sie schließlich.

Diese Epoche von unerwartetem Glück und Freude dauerte nur zwei kurze Jahre, aber dieser Freudenrausch war so stark und so allgemein gewesen, daß er sich nur durch die tiefsinnige historische Bemerkung erklären läßt: die guten Mailänder hatten sich ein Jahrhundert hindurch gelangweilt.

Die allen südlichen Völkern eigentümliche Lebenslust und Sinnlichkeit hatte ehedem auch an den Höfen der Visconti und Sforza, jener berühmten Herzöge von Mailand, geherrscht. Aber seit dem Jahre 1624, wo sich die Spanier Mailands bemächtigt und zwar als schweigsame, argwöhnische, stolze Herrscher, die überall Aufruhr witterten, war die Freude und der Frohsinn verschwunden. Das Volk, das die Sitten ihrer Herrscher annahm, wurde vielmehr darauf bedacht, die kleinste Unbill mit einem Dolchstoß zu vergelten, als die Gegenwart zu genießen.

Vom 15. Mai 1796, dem Tage des Einzuges der französischen Armee in Mailand, bis zum April 1799, wo sie Mailand infolge der Schlacht von Cassano wieder räumen mußte, hatten die Mailänder sich einer so ausgelassenen Fröhlichkeit hingegeben, jeden ernsten oder überhaupt nur vernünftigen Gedanken so gänzlich verbannt, daß man sogar alte millionenreiche Kaufleute, Wucherer, Notare und dergleichen Leute anführen konnte, die während dieser Zwischenzeit ihr mürrisches unausstehliches Wesen ganz abgelegt hatten.

Höchstens waren es noch einige Familien des Hochadels, die sich auf ihre Landschlösser zurückzogen, wie um über die allgemeine Heiterkeit und das Erschließen aller Herzen zu grollen. Freilich muß man aber auch zugestehen, daß gerade diese Familien bei der Verteilung der ausgeschriebenen Kriegssteuern auf eine keineswegs erfreuliche Art ausgezeichnet worden waren.

Aus Braunschweig.

(1808.)

Am 13. November 1806 bin ich in einem Ländchen von zweihunderttausend Einwohnern, das berühmt durch seinen Fürsten (Karl Wilhelm Ferdinand) ist, angekommen. Das Herzogtum Braunschweig ist, wie mir scheint, das bekannteste unter allen den kleinen Fürstentümern Deutschlands.

Wenn man sich eine große lehmige Ebene mit Sandinseln, nach Norden zu abfallend, vorstellt, hat man ungefähr ein Bild dieses Landes von sechzig Wegstunden im Umkreis. Ein paar Geländeerhebungen gibt es indessen: der Elm, wo wir auf die Hirschjagd gegangen sind, und das Assegebirge, wo ich zwei angenehme Tage verlebt habe.

Man darf sich nicht einbilden, daß der zweiundfünfzigste Breitengrad, unter dem Braunschweig liegt, sich durch fünfzehn bis zwanzig Grad Reaumur und schönen Sonnenschein fühlbar mache. Soweit ich das Wetter hier beobachtet habe, war es recht unangenehm; es ist dauernd veränderlich. Die Kälte sinkt nie unter sieben Grad unter Null, aber, Schnee und Sonnenschein wechseln sich fünf bis sechs mal an einem Tage ab.

Von weitem sieht man eine metallgraue Wolke auftauchen, die Sonne verschwindet, es schneit; die Wolke zieht vorüber, die Sonne scheint wieder, die Dächer tropfen und in zwei Stunden sieht man keine Spur vom Schnee mehr.

Es regnet viel. Die Wege sind sieben Monate im Jahre vor Schlamm unfahrbar. Es gibt hier keinen richtigen Frühling; mit Verwunderung sieht man die Blätter in der kalten Winterluft sprossen. Niemals jene samtweiche Luft, die so sanft für empfindliche Lungen ist; niemals jene Abende, wo man nur für das Glück, eine sanfte Luft einzuatmen, lebt. Daß solches Wetter hier so selten ist, das ist eine meiner hauptsächlichsten Beschwerden gegen dieses Land.

Der acht Meter breite Ockerfluß, der im Harz entspringt, fließt durch Braunschweig und Wolfenbüttel. Er ist unbedeutend, doch sehr nützlich.

Die Landstraßen sind so schlecht, also so verschieden von denen in Frankreich, daß ich immer in Angst schwebte, wenn ich im Wagen reiste, was ich monatelang tun mußte.

Die gewöhnlichen und beinahe ununterbrochenen Rufe der Postillone sind die gleichen, wie sie die französischen als Zurufe in großer Gefahr anwenden. Die Postillone verlassen alle Augenblicke die Heerstraße und fahren, wie man es hier bezeichnet, »querfeldein«. Sowas ist hier weiter nichts. In der Post erduldet ein halbwegs lebhafter Mensch Qualen; man muß überall zwei Stunden warten. Bitten, Schimpfen, Trinkgeld, Schlaf..., gleichgültig: es wird vor jeder Poststation zwei Stunden gehalten. Ein Wagenmeister schmiert die Postkutsche ein wenig ein und kassiert im voraus den Fahrpreis.

Am Ende der Fahrt gibt man den Postillonen das »Trinkgeld«; gäbe man das dreifache, so ginge es auch nicht schneller. Der Kutscher, ein großer stämmiger Bauer mit frischem Gesicht, in Braunschweig mit einem gelben Sack beladen, in Hannover mit einem roten, eine Schnur um Hals und Hüften, mit langsamem Gange, hört ruhig zu, wenn man flucht, und raucht. Die Versuchung, ihm mit dem Stocke eins überzuziehen, ist groß. Ich erinnere mich zwar nicht, daß ich geprügelt hätte, aber manche Franzosen haben die Postillone weidlich durchgeprügelt. Es hatte eine vortreffliche Wirkung.

Die Schindereien mit der Post sind die Ursache, warum alle Franzosen mit requirierten Pferden fahren. Man kommt an, geht zum Kriegskommissar, zum Platzkommandanten ober zum Bürgermeister, und in zwei Stunden sind vier schöne Pferde zur Stelle mit zwei Bauernburschen von schöner Gesichtsfarbe, blonden Haaren, die eckig verschnitten wie auf den Porträts Karls des Großen sind, groben Zügen und dummem Ausdruck. Vor sich, auf den Schenkeln tragen sie einen Sack voll Hafer mit Häcksel gemischt; sie befestigen ihn hinten am Wagen, spannen an und fahren besser als die Post.

Wenn man sehr freigebig ist, gibt man ihnen auf der Endstation nach vier bis sechs Meilen zwölf »gute Groschen« und sie sind zufrieden. Wenn man derartig reist, ist das Berühren großer Städte mit seinen Kommandostellen ein Erschwernis; man wird viel schlechter bedient und ist vom Kriegskommissar abhängig. Die Gemeindevorstände auf dem Lande sind viel mehr entgegenkommend, als die Postmeister.

Man reist bequem, wenn man nachts die Post und tagsüber die Bauern nimmt ... Die Bauern lassen zwischen den Vorder- und Stangenpferden einen Zwischenraum von zehn Fuß, elegante Leute sogar fünfzehn bis zwanzig Fuß. Die gewöhnlichsten Kutschen sind vierrädrige Halbchaisen, die man im Sommer vorn offen läßt und im Winter mit Ledervorhängen schließt...

Der Verbrauch von Kaffee ist erstaunlich verbreitet in Deutschland. Wenn man in einem Gasthof ankommt, werden einem Kaffee mit Milch und Butterbrot angeboten, zwei sehr dünne Schnitten Schwarzbrot, innen mit Butter bestrichen. Die biederen Deutschen verzehren vier bis fünf solche Butterbrote, trinken dazu zwei Glas Bier und hinterher ein Glas Schnaps. Diese Lebensweise macht den lebhaftesten Menschen phlegmatisch. Mir wenigstens raubt sie alles Denken.

Außer dieser kleinen Mahlzeit, die einem in den Gasthöfen geboten wird, wenn man sehr früh oder sehr spät ankommt, erhält man gegen ein Uhr das Mittagessen; es besteht aus einer Wein- oder Biersuppe, gekochtem Fleisch, einer Riesenschüssel Sauerkraut (ein vertierendes Gericht), dann einem Stück Braten mit Krautsalat, glaube ich, der einen abscheulichen Geruch hat. Zu diesem Diner, das man wütend einnimmt, gesellt sich Drogisten-Wein, der nach Zucker schmeckt, sich Burgunder nennt und 35 bis 40 Sou kostet. Besonders abscheulich ist der Wein in Hessen, einem hübschen, aber armen Lande. Ich bin noch etwas verkatert, während ich das niederschreibe, von einem Weingelage, an dem ich gestern abend bei Herrn Stalher, einem reichen Weinhändler und Hauptmann der Bürgergarde, teilgenommen habe. Es waren noch sieben bis acht bürgerliche Kenner zugegen, unter anderen der berühmte Herr von Rothschild, der seit sechzig Jahren Gourmand und häufiger Gast an fürstlichen Tafeln ist. Er war über die Begeisterung erstaunt, mit der alle die Leute da ein niederträchtiges Gemisch von Fruchtsaft und Moselwein hinuntergossen, das unter dem Namen »Vin de Champagne rosé« kredenzt wurde.

Ich verstehe mich nur wenig darauf, aber es scheint mir, daß alle die Weine, die man einem hier verkauft, nicht im geringsten jenen ausgesuchten Geschmack haben, der den Weinen von Burgund, *Côte du Rhône, Hermitage* und anderen eigentümlich ist.

Das Abendessen setzt sich zusammen, wenn ich nicht irre, aus einer Suppe und einem Stück Braten, als Nachtisch irgend ein Gebäck, sehr wenig Früchte, zumeist Erdbeeren, aber deutsche große schöne Gartenerdbeeren ohne Aroma.

Schließlich geht man zu Bett, das ist das Schlimmste.

Man stelle sich als Matratze ein Unterbett mit Federn vor, in das man versinkt. Von der Mitte der Bettlänge an erhebt sich ein Wall von Kopfkissen, wieder von Federn, die einen zum Sitzen nötigen, wo man doch das Verlangen hat, sich auszustrecken. Das Ganze wird mit einem Betttuch überdeckt, das an den Seiten nicht befestigt wird; statt einer Decke ein ungeheurer Federsack ohne Überzug. Da jedermann unter solcher zwei Fuß dicken warmen Überdeckung schwitzt, hat man das Vergnügen der Gemeinschaft mit allen Reisenden, die unter dem gleichen Polster geschwitzt haben.

Ich glaube, in den guten Gasthäusern reinigt man die Betten zweimal im Jahre. Ein Franzose kann also nichts Besseres tun, als sich eine Schütte Stroh bringen zu lassen und darauf in seinen Mantel gehüllt zu schlafen.

Die Einrichtung, die ich eben geschildert habe, versetzt einen in einen unruhigen Zustand, den ich für die Anzeichen des gelben Fiebers gehalten habe, als ich sie zum ersten Mal beobachtete. Wenn ich zu meinem Vergnügen jemals wieder diesen Teil Deutschlands aufsuchen sollte, will ich im Monat Juli vom Rhein dahin abreisen ....

Der Anblick der Landschaft ist in Braunschweig trübselig und eintönig, bisweilen »ossianisch«. Ganz anders ist sie im Norden.

Die Umgebung von Berlin ist ein Sandmeer. Wer dort eine Stadt gegründet hat, den muß der Teufel geplagt haben. Um Potsdam ist die Landschaft reizend. Die Havelinseln, von Sanssouci aus gesehen, sind, wie mir scheint, noch das anmutigste, was es im nördlichen Deutschland gibt. Sie sind, was für Italien die Borromeischen Inseln sind. Sie haben etwas Weiches, Melancholisches; sie rühren einen tief an glücklichen Tagen, an denen man empfindsam ist ....

In den Dörfern haben die Häuser ein drolliges Aussehen. Das Obergeschoß springt zwei Fuß über die Mauer des Erdgeschosses vor. Das ist ein charakterisches Merkmal des deutschen Bauernhauses, das man von Frankfurt an antrifft; ebenso die große Zahl und die Kleinheit der Fenster, etwas, was ich bei so kaltem Klima nicht verstehe. Die Fenster sind von kleinen Rahmen eingefaßt, die Scheiben durch Blei getrennt, die Rahmen werden durch zwei Riegel geschlossen. Das ist alles, keine doppelten Flügel, keine Läden, keine Jalousien. Ein grauer Rollvorhang fällt innen herab. Die ganze Familie haust in einem einzigen Raume, die man »Stube« nennt. Man hütet sich wohl den ganzen Winter über zu lüften. Da man dort raucht, kann man den Duft ahnen ....

Ab und zu scheuert man den Fußboden und streut weißen oder gelben Sand. Das ist die äußerste Sauberkeit und Höflichkeit. Den Ofen heizt man zum Zerplatzen. Das vom Scheuern nasse Holz und der Sand verursachen einen Geruch, von dem ein Franzose sofort Kopfschmerzen bekommt.

Trotz alledem fangen wir nach sechzehn Monaten an, uns einzugewöhnen und geben schließlich dem Marschall Berthier recht, der gesagt hat: »Man muß einen Ofen wie seine Frau und einen Kamin wie seine Geliebte ansehen.«

Ein Haus muß sehr ärmlich sein, wenn die kleinen Fenster, von denen ich gesprochen habe, innen nicht mit Musselinvorhängen mit Fransen geschmückt sind. Das ist nicht schön, nicht reich, aber sauber, sinnreich und anmutig. Im Erdgeschoß hat man Vorsetzrahmen mit hellem Musselin, durch die man sehen kann, ohne selbst gesehen zu werden. Die Deutschen – ich rede immer von denen zwischen Frankfurt und Berlin, und hauptsächlich von den Braunschweigern – haben eine Vorliebe für Stiche. Man kann sieben bis acht Stiche, nicht gerade schlechte, bei einem Flickschuster finden, zuweilen einen Niobe- oder Apollo-Kopf. Aber man sieht mit Verwunderung neben einem schönen Antinouskopfe einen Stich für fünfundzwanzig Sous in einem teueren Rahmen.

Das ist nicht die Seele des Italieners, auch nicht der Geschmack des Franzosen; bei diesem wäre alles gleiche Mittelmäßigkeit. Ein Antinouskopf wäre ihm zu einfach. Außer den Stichen findet man im allgemeinen reichlich kleine Schmierereien in Miniatur, auch viel

Silhouetten. Es sind Porträts des Vaters, der Mutter und der gesamten Familie. Diese steifen Bilder sind ohne Geschmack noch Gefälligkeit.

Letztgenannte Sache fehlt den Deutschen, denen man in den Straßen begegnet, am meisten. So weit ich mich des ersten Eindrucks, den sie auf mich machten, erinnern kann, fand ich sie ein wenig zu groß, größer und dicker als die Franzosen. Starke Gliedmaßen, ein schöner Teint, rote Wangen, fast alle blond, einzelne rothaarig, der Gesichtsausdruck starr und oft dumm. Eine unerträgliche Dünkelhaftigkeit in der ganzen Erscheinung. Wenig Anmut und viel Ziererei, keine Spur von Natürlichkeit; alles das macht einen deutschen Gecken zum lächerlichsten Wesen der Welt.

Meist trägt er sehr spitze Schuhe, eine riesige Krawatte, ein kleines unsauberes Vorhemd und einen Rock, dessen Schöße zwei Zoll zu lang sind. Auf dem Kopfe einen enormen Hut mit Troddeln, Schnüren und Quasten, dazu einen Gang, als ob er sich auf die Erde werfen wolle.

Dieser Hanswurst hat eine entzückende Gesichtsfarbe, wunderschöne blaue Augen, zuweilen mit schwarzen Wimpern, und herrliche blonde Haare; aber keine Seele, keinen Ausdruck, als den der Geistlosigkeit.

Die Braunschweigerinnen, zumal die Dienstmädchen, gehören zu den hübschesten Frauen, die ich je gesehen habe. Was für schöne dichtgeschlossene Schenkel, schöne Arme, die herrlichste Hautfarbe, schönes Haar.... Man findet oft griechische Linien in ihren Gesichtern, viel häufiger als in Frankreich. Oft sieht man feine schlanke Nasen, schmale Wangen und niedrige Stirnen. Außerordentlich selten findet man den Ausdruck der Frechheit, aber oft eine sehr hübsche, bisweilen eine schöne, fast immer eine liebliche Gesichtsbildung. Schöne Augen, häßliche Zähne und Füße, im allgemeinen schöne, etwas zu kleine Busen. In der guten Gesellschaft, unter dem Adel, trifft man viele angezogene Hopfenstangen.

Man kennt die schön kolorierten Porträts von Alexander dem Ersten, dem Kaiser von Rußland; dieser Art femininen Schönheit begegnet man oft. Gestern setzte mich ein Küchenmädchen, das ich im Hotel d'Angleterre beim Geschirraufwaschen sah, durch ihr vollendetes griechisches Gesicht, etwas à la Kaiser Alexander, in Erstaunen.

So angenehm die Frauen, so rettungslos häßlich sind die Männer, durchweg barbarisch verzogene und unedle Gesichtszüge. Auf zwanzig Schritt Entfernung erscheint ein deutscher Offizier vielleicht schön; aber bei näherer Betrachtung muß er verlieren, dann erkennt man die Geckenhaftigkeit seiner Mienen, er ist widerlich oder er hat das Aussehen eines rohen geistlosen Soldaten.

Die deutschen Soldaten im Dienste sind zum Totlachen, so schwerfällig und ungeschickt. Sie haben keine Ahnung von jenem gefälligen, leichten und eleganten Marsch unserer kaiserlichen Gardeinfanterie ...

Ich halte mich nicht für sehr kompetent, aber ich glaube, die Deutschen sind bessere Reiter als wir. Die reichen Leute halten sich englische oder gute mecklenburgische Pferde, die den normannisch-englischen recht ähnlich sind.

Ihr Tanz ist nett, derb und schnell, wenn etwas mehr Anmut darin wäre, würde er, glaube ich, sehr gefällig sein. Der Walzer ist hier zweimal schneller als in Paris. Ihre Tänze haben sehr schöne passende Melodien, aber die Musikkapellen spielen abscheulich und verderben diese Schönheit. Jeder Ball schließt mit dem »Kehraus«, einer Reihe von bestimmten Figuren, die durch Polonaisen von einander getrennt sind. Ihre Polonaise ist der Gegensatz zu der Schnelligkeit und der Derbheit ihres Tanzes.

Die Männer tragen wie in Frankreich das Haar kurzgeschnitten, die Frauen sind nicht mehr gepudert wie bei uns. Die Balltracht der Frauen ist einfacher, schlichter, kälter als bei uns in der Provinz. Die jungen Leute ebenso, sie sind in Deutschland wie bei uns. Aber die Männer von gewissem Alter an sind lächerlich. Alle Gelehrten, besonders die Professoren, die Bürgermeister, die Geheimräte gehen belustigend angekleidet. Man stelle sich vor: ganz lange, über die Brust entsetzlich enge, schwarze Röcke, an der Seite einen unglücklichen Degen von unendlicher Länge... Vorgestern beim Diner in der Präfektur ging Herr P*** folgendermaßen: schwarzer Rock, schwarze Strümpfe, den Degen an einem schwarzen Lederkoppel mit zwei großen vergoldeten Fratzen an den Haken, schwarze Hosen, – vielleicht vergesse ich etwas, ich wagte mir nicht, ihn mir genau zu betrachten, aus Angst herauszuplatzen; als ich mich nach dem Befinden seiner Familie erkundigte, verriet ich mich doch.

Heute am 18. April, am zweiten Ostertage, schneit es wie im Monat Dezember...

Alle Männer rauchen; man raucht im Klub, man raucht im Billardzimmer, man raucht in den Kneipen, man raucht so viel, daß die Kleider schon von weitem nach Rauch riechen. Ich halte diesen Brauch in einem feuchten Lande für gesund. ...Der Wohlklang fehlt den deutschen Stimmen im allgemeinen; die Deutschen sind gesund, von schöner Gestalt, aber der Wohlklang fehlt ihnen.

Mir scheint, ihr Butterbrot und ihre ewigen Milchspeisen sind nicht geeignet, sie lebhaft zu machen. Mirabeau hat gesagt, daß seit fünfzig Jahren der Kaffee das Bier verdrängt; ich weiß nicht, ob man um 1750 mehr Bier getrunken hat, ich meine aber, man trinkt hier maßlos viel Milchkaffee und Tee.

Ich zweifle nicht im geringsten, daß sich die geistige Physiognomie dieses Landes ändern würde, wenn jeder Mensch täglich eine Flasche Rotwein aus Languedoc tränke.

Im allgemeinen ist der Mensch hierzulande mehr Haustier als in Frankreich und Italien.

Mein Übergang über den Sankt Bernhard im Mai 1800.

(1836.)

Vorbemerkung des Übersetzers: Das hier wiedergegebene 32. Kapitel aus Stendhals »Leben des Henri Brulard« ist kein Essay im strengen Sinne des Wortes, – wie ja auch für den Gesamttitel dieses Bandes die Bezeichnung Essays nur in Ermangelung eines treffenderen gewählt worden ist, – es ist nichts als eine zwanglose Plauderei über ein paar bedeutungsvolle Tage in Beyles Leben. Ohne den Leser mit einer eingehenden Schilderung der strategischen Ereignisse jener Tage aufzuhalten, erscheint hier doch eine kurze Erläuterung angebracht.

Man steht im Beginn des Feldzugs in Italien von 1800. Napoleon wirft seine Armee über die Alpen, sieht sie aber unerwartet durch die kleine, hartnäckig verteidigte Bergfeste Bard in ihrem flotten Vordringen aufgehalten. Der General Lannes hat zwar durch eine Umgehung die Hauptmassen seiner Infanterie am 22. Mai bis Ivrea in die Lombardei vorgeschoben, mit der Artillerie und den Trains bleibt er jedoch in der Talenge vor Bard stecken. Bonaparte hatte den Großen Sankt Bernhard am 20. Mai überschritten und traf hierauf vor Bard persönlich seine Anordnungen. Die durch dieses unbedeutende Fort verursachte Hemmung seines rasch nötigen Vorgehens war ihm höchst unangenehm und nicht ohne Gefahr. Wer sich einigermaßen mit der Geschichte des interessanten Feldzuges von Marengo beschäftigt hat, weiß, daß Bonaparte die offiziellen Berichte über die Ereignisse bis zum 14. Juni eigenhändig korrigiert und absichtlich verschleiert hat. Vor Bard hat er sich persönlich nicht lange aufgehalten, er traf bereits am 26. Mai in Ivrea ein. Auch Stendhal hat der Beschießung Bards wahrscheinlich nur einen Tag beigewohnt, selbstverständlich als tatenloser Zuschauer. In der Skizze, die er dem Manuskript seiner Schilderung beigefügt hat, ist der Standort genau bezeichnet, von wo aus er dem Artilleriekampfe zusah. Es ist der nämliche Punkt, an dem auch Bonaparte beobachtet hatte. Erst am 1. Juni gelang es dann der Division Chabran, die Kapitulation der Feste zu erzwingen.

Stendhal, dem ein sehr schlechtes Gedächtnis eigentümlich war, hat späterhin geglaubt, Bonaparte vor Bard gesehen zu haben, es ist indessen nicht wahrscheinlich.

Ich habe nicht die geringste Erinnerung mehr an meine Reise nach Dijon oder an die Reserve-Armee; das Übermaß der Freude hat alles verschlungen. Pierre Daru,[51] damals Inspekteur der Revuen und Martini Daru, Unterinspekteur, waren vor mir abgereist.

Cardon kam nicht so schnell; seine schlaue Mutter hatte andere Pläne mit ihm. Schließlich langte er in Mailand als Adjutant des Kriegsministers Carnot an. Diesen großen Bürger hat Napoleon unschädlich, das heißt unbeliebt und lächerlich zu machen versucht, wo er nur konnte. Carnot fiel einer edlen Armut anheim, deren sich Napoleon erst um 1810 schämte, als er keine Furcht mehr vor ihm hatte.

Ich habe keine Idee mehr von meiner Ankunft in Dijon, ebensowenig von der in Genf. Der damalige Eindruck jener zwei Städte auf mich hat sich durch die reichlicheren Eindrücke meiner späteren Reisen verwischt. Ohne Zweifel war ich närrisch vor Freude.

Bei meiner Ankunft in Genf war mein erster Gang nach dem alten Hause, wo Jean-Jacques Rousseau im Jahre 1712 geboren wurde. 1833 habe ich es zu einem prächtigen Hause, einem Musterbau für Handel und Gewerbe, umgebaut wiedergefunden.

In Genf gab es keinen Postverkehr mehr; ich sah die ersten Anzeichen der Unordnung, die vermutlich in der Armee herrschte. Ich war an einen französischen Armeeintendanten empfohlen, der dort zur Regelung des Nachschubs zurückgelassen worden war. Pierre Daru hatte mir ein krankes Pferd zurückgelassen; ich wartete, bis es wieder hergestellt war.

Hier beginnen endlich meine Erinnerungen. Nach mannigfachen Verzögerungen schnallte man mir eines Morgens gegen acht Uhr meinen riesigen Mantelsack auf den jungen Fuchs, ein Pferd schweizer Rasse. In der Nähe des Lausanner Tores kletterte ich auf. Es war zum zweiten oder dritten Male in meinem Leben; Seraphie

---

[51] Der nachmalige Graf und Generalintendant Napoleons, vgl. Einleitung

und mein Vater waren beharrlich dagegen gewesen, mich reiten, fechten und dergleichen lernen zu lassen.

Das Tier, das seit einem Monat nicht aus dem Stall gekommen war, ging nach zwanzig Schritten durch, von der Landstraße weg und rannte auf den See zu, auf ein mit Weiden bepflanztes Feld; vermutlich drückte der Mantelsack.

Ich verging vor Angst; aber was half's? es gab kein Parieren! Die drei Fuß, die mich von der Erde trennten, kamen mir wie eine bodenlose Tiefe vor. Um die Lächerlichkeit voll zu machen, trug ich, glaube ich, auch noch Sporen. Mein junges stallmutiges Roß galoppierte also aufs Geratewohl mitten durch die Weiden, als ich mich rufen hörte; es war der kluge und bedachtsame Bursche des Kapitäns Burelvillers, der mir schließlich zu Hilfe kam, indem er mir zurief, mit den Zügeln eine Parade zu geben, so daß ich nach einem Galopp von mindestens einer viertel Stunde mein Pferd zum stehen brachte. Am meisten Angst hatte ich gehabt, in den See zu geraten.

»Was wollen Sie von mir?« fragte ich den Burschen, als er endlich mein Pferd hatte beruhigen können.

»Mein Herr wünscht Sie zu sprechen.« Sofort dachte ich an meine Pistolen; das ist zweifellos jemand, der mich arretieren will. Die Straße war mit Passanten bedeckt, aber mein ganzes Leben lang habe ich meine Gedanken und nie die Wirklichkeit gesehen; wie ein kopfscheues Pferd sagte mir siebzehn Jahre später Graf Tracy.

Ich ging mit zum Kapitän und traf ihn, der höflich auf der Landstraße hielt.

»Was wünschen Sie von mir, mein Herr?« sagte ich zu ihm, gewärtig einen Pistolenschuß abgeben zu müssen.

Der Kapitän war ein großer blonder Mann von mittlerem Alter, mager, mit einem durchtriebenen, listigen Ausdruck, gar nicht einnehmend, im Gegenteil.

Er erklärte mir, daß ihm am Tor Cornavin im Vorbeigehen Herr *** gesagt habe:

»Das da ist ein junger Mann, der auf diesem Pferde zur Armee reist, ohne sie je gesehen zu haben. Erbarmen Sie sich seiner während der ersten Tage und nehmen Sie ihn mit sich.«

Indem ich immer darauf wartete, zornig zu werden, und an meine Pistolen dachte, betrachtete ich mir den geraden und ungeheuer langen Pallasch des Kapitäns Burelvillers, der anscheinend zu den schweren Reitern gehörte: blauer Rock, Knöpfe und Epauletten silbern.

Ich glaube, höchst lächerlicherweise hatte ich auch einen Säbel; ja, wenn ich es mir überlege, bin ich dessen sicher. So weit ich darüber urteilen kann, gefiel ich diesem Herrn Burelvillers.

Burelvillers beantwortete meine Fragen und instruierte mich, wie man aufsitzen muß; wir machten unseren Marsch gemeinsam und hatten die gleichen Quartiere bis zur Porta Nuova in Mailand, zur Casa d'Adda.

Ich war ganz und gar trunken, toll vor Glück und Freude. Es begann für mich ein Zeitraum voller Begeisterung und vollkommenen Glückes. Meine Freude, mein Entzücken verminderte sich erst ein wenig, als ich Dragoner im sechsten Regiment wurde, aber nur wenig.

Ich glaubte damals nicht etwa, auf dem Gipfel des Glückes, das ein Mensch hienieden finden kann, zu sein. Aber es war doch so. Und das, nachdem ich in Paris so unglücklich gewesen war!

Was soll ich mein Entzücken über Rolle schildern? Vielleicht muß ich diese Stelle nochmals lesen und verbessern, gegen meine Absicht, aus Furcht, mit Kunst wie Jean-Jacques Rousseau zu lügen.

Nachdem ich meinem Glücke gleichsam ein Opfer dargebracht hatte, war ich nunmehr außerordentlich kühn zu Pferde, aber kühn, indem ich immer den Kapitän Burelvillers befragte: »Dabei werde ich doch nicht etwa den Hals brechen?«

Glücklicherweise war mein Gaul von Schweizerblut und friedlich und vernünftig wie ein Schweizer; wenn er ein tückischer Romane gewesen wäre, hätte er mich hundert Mal umgebracht.

Augenscheinlich gefiel ich also Herrn Burelvillers und er gab sich Mühe, mich über allerlei Dinge zu instruieren; er war für mich von Genf bis Mailand während eines Marsches von vier oder fünf Milien täglich eine Art ausgezeichneter militärischer Erzieher, wie für einen jungen Fürsten. Unser Leben war eine angenehme Unterhaltung, unterbrochen von seltsamen Ereignissen und nicht ohne einige kleine Gefahren; folglich war das entfernteste Erscheinen von Langerweile unmöglich.

Ich wagte nicht, diesem achtundzwanzigjährigen oder dreißigjährigen Weltmanne meine Träumereien zu offenbaren oder von Literatur zu sprechen; er schien mir das Gegenteil von Gemütsbewegung zu besitzen.

Sobald wir im Etappenquartier ankamen, verließ ich ihn; ich gab seinem Diener ein gutes Trinkgeld, damit er mein Pferd mit versorgte; ich konnte also in Frieden träumen gehen.

In Rolle, wo wir frühzeitig ankamen, war ich, – in Erinnerung an die neue Heloise – trunken von dem Gedanken durch Bevey zu kommen, der Meinung in Bevey zu sein; ich hörte plötzlich das volle majestätische Glockengeläute einer Kapelle, die auf dem Berge, eine Viertelstunde oberhalb Rolle oder Nyon lag; ich stieg hinauf.

Ich sah, wie sich der schöne See unter meinen Blicken ausbreitete; der Klang der Glocken war entzückende Musik, die meine Gedanken begleitete und ihnen ein erhabenes Gepräge verlieh.

Um eines solchen Augenblickes willen lohnt es der Mühe, gelebt zu haben. Dort war ich dem vollkommenen Glücke am nächsten.

In Rolle oder Nyon, – ich weiß nicht, welcher Ort es war, – begann die glücklichste Zeit meines Lebens; es mochte der 8. oder 10. Mai des Jahres 1800 sein.

Das Herz pocht mir noch, indem ich dieses niederschreibe, nach sechsunddreißig Jahren. Ich lasse mein Papier liegen, laufe in meinem Zimmer hin und her und setze mich wieder zum Schreiben hin. Lieber soll irgend ein wahrer Zug fehlen, als daß ich in den abscheulichen Fehler verfalle, eine Kunstrede, wie es Brauch ist, zu halten.

In Lausanne war ein noch junger, pensionierter Schweizer Kapitän Stadtrat; er war wohl ein freisinniger Flüchtling Spaniens. Als er sich der unangenehmen Notwendigkeit entledigte, uns Windhunden von Franzosen Quartierzettel zu verabreichen, hatte er gegen uns den großen Schnabel und ging, indem er von der Ehre sprach, die wir hätten, dem Vaterlande zu dienen, soweit zu sagen: »Wenn das eine Ehre ist!«

Meine Erinnerung übertreibt zweifellos seine Bemerkung. Ich legte meine Hand an den Säbel und wollte ihn ziehen; übrigens beweist mir das, daß ich wirklich einen Säbel hatte. Burelvillers hielt mich zurück.

»Es ist spät, die Stadt ist geschlossen, es handelt sich jetzt darum, ein Quartier zu erhalten,« sagte er ungefähr zu mir. Und wir verließen den Stadtrat, nachdem wir ihm seine Tat ordentlich vorgehalten hatten.

Am anderen Morgen, als wir die Straße nach Villeneuve ritten, examinierte mich Burelvillers über meine Weise, die Waffen zu führen. Er war völlig überrascht, als ich ihm meine gänzliche Unkenntnis in diesem Fache gestand. Beim ersten Halt ließ er mich zum Fechten antreten.

»Und was hätten Sie getan, wenn dieser Hund von einem Beamten uns herausgefordert hätte?«

»Ich hätte mich ihm gestellt.« Vermutlich sagte ich das, wie ich es dachte.

Der Kapitän Burelvillers bekam Respekt vor mir und sagte mir das auch. Daß nichts von Lüge an mir war, mußte sehr sichtbar sein, um das glaubhaft zu machen, was in jeder anderen Lage eine sehr grobe Aufschneiderei gewesen wäre.

Er brachte mir ein paar Grundregeln des Stoßfechtens bei, an den Haltepunkten und abends in den Quartieren.

»Sonst würden Sie sich anspießen lassen wie ein ...«

Ich habe den Ausdruck des Vergleiches vergessen.

Martigny, glaube ich, am Fuße des Großen Sankt Bernhard ist für mich mit einer Erinnerung an den schönen General Marmont verknüpft. Ich war heiter und beweglich wie ein junges Füllen; ich kam mir vor wie Calderon, als er an den Feldzügen in Italien teilnahm, wie ein Amateur, der von der Armee unabhängig, beobachtet, auserlesen, Komödien wie Molière zu schreiben. Wenn mir ein Amt bevorstand, dann war es, um zu leben, da ich nicht reich genug war, um auf eigene Kosten die Welt zu durchwandern. Ich wollte nichts als große Dinge sehen. Darum betrachtete ich mit außergewöhnlicher Freude Marmont, jenen jungen schönen Günstling des ersten Konsuls.

Wie die Schweizer, in deren Häusern wir in Lausanne, Villeneuve und Sion im Quartier lagen, hatten wir uns ein niederträchtiges Bild vom Großen Sankt Bernhard gemacht; ich war heiterer als sonst, – heiterer, das ist nicht das richtige Wort, glücklicher. Mein Vergnügen war so lebhaft, so intim, daß ich davon nachdenklich wurde.

Ich war, ohne mir Rechenschaft darüber abzulegen, außerordentlich empfänglich für die Schönheit der Landschaft. Da aber mein Vater und meine Tante Seraphie als echte Heuchler, die sie waren, die Schönheiten der Natur beständig lobten, so glaubte ich, diese zu verabscheuen. Wenn mir jemand von den Schönheiten der Schweiz gesprochen hätte, so hatte er mich angewidert. Ich übersprang ähnliche Phrasen in den »Bekenntnissen« und in der »Neuen Heloise« Rousseaus, oder vielmehr, um genau zu sein, ich las rasch darüber hinweg. Aber jene schönen Sätze rührten mich gegen meinen Willen.

Ich muß einen hohen Genuß beim Hinaufreiten über den Sankt Bernhard gehabt haben, aber meiner Treu, ohne die Vorsicht des Kapitäns Burelvillers, die mir oft übertrieben und lächerlich erschien, hätte ich vielleicht nach dem ersten Schritt das Genick gebrochen.

Die Natur hat mir köstliche Nerven und die sensible Haut einer Frau verliehen. Ich konnte – ein paar Monate später – meinen Säbel nicht zwei Stunden lang in der Faust halten, ohne die Hand voller Blasen zu haben. Auf dem Sankt Bernhard war ich physisch wie ein junges Mädchen von vierzehn Jahren; ich war siebzehn Jahr und drei Monate alt, aber der verwöhnte Sohn eines Grandseigneurs konnte nicht weichlicher erzogen worden sein.

Militärischer Schneid war in den Augen meiner Eltern eine Eigenschaft für Jakobiner; Wert hatte für sie nur der Mut vor der Revolution, der dem Haupt des reichen Zweiges meiner Familie, dem Kapitän Beyle aus Sassenage, einst das Sankt-Ludwigs-Kreuz eingetragen hatte. So kam ich also als kompletter Weichling am Sankt Bernhard an. Was wäre aus mir geworden, wenn ich nicht den Kapitän Burelvillers getroffen hätte und allein gereist wäre? Ich hatte

Geld, hatte aber nicht einmal daran gedacht, einen Diener anzunehmen. Dumm vor köstlichen Träumereien waren alle vernünftigen Ratschläge an mir abgeglitten, ich fand sie spießbürgerlich, fad, häßlich.

Ich habe auch heute noch, im Jahre 1836, eine Abneigung gegen Komödien, in denen notwendigerweise und ganz nötigerweise eine gewöhnliche Person vorkommt. Ein drolliger Zug an einem Nachfolger Molières!

Alle weisen Vorschläge der Schweizer Gasthofswirte waren also an mir abgeprallt. In gewisser Höhe wurde die Kälte beißend, ein penetranter Nebel umgab uns, Schnee bedeckte seit langem die Marschstraße. Diese, ein schmaler Weg zwischen zwei Mauern aus rohen Steinen, war acht bis zehn Zoll tief von Schnee überweht mit steinigem Geröll darunter. Von Zeit zu Zeit scheute mein Gaul vor einem Pferdekadaver, bald aber gewöhnte es sich daran, was viel schlimmer war. Eine richtige Rosinante. Mit jedem Augenblicke wurde es unbehaglicher. Zum ersten Male sah ich der Gefahr in die Augen. Es war keine große Gefahr, ich muß es zugeben, aber doch für ein junges Mädchen von vierzehn Jahren, das in seinem Leben keine zehn Mal vom Regen durchnäßt worden war. Groß war also die Gefahr nicht, aber sie lag in mir selber. Die Umstände machen den Menschen klein.

Ich würde mich nicht schämen, mir Gerechtigkeit widerfahren zu lassen; ich war beständig heiter. Wenn ich träumte, so war es in Sätzen, mit denen Rousseau jene steilen schneebedeckten Berge geschildert hätte, die mit ihren Spitzen bis in die Wolken ragen und unaufhörlich von dichten dahinrasenden Wolken verhüllt wurden.

Mein Pferd fing an zu stolpern, der Kapitän fluchte und war mürrisch, sein kluger Bursche, der mein Freund geworden, sehr blaß. Ich war von Feuchtigkeit durchdrungen, unausgesetzt wurden wir gestört und sogar aufgehalten von Trupps von je fünfzehn bis zwanzig Soldaten, die bergauf marschierten.

Anstatt heroischer Gefühle, wie ich sie an ihnen voraussetzte, nach zehnjähriger heroischer Träumerei, sah ich unter ihnen verbitterte und schlimme Egoisten; oft fluchten sie über uns, aus Zorn, uns zu Pferde und sich zu Fuß zu sehen. Dieser Anblick der menschlichen Natur war mir zuwider, aber ich vergaß ihn sehr schnell dank dem Bewußtsein, zu genießen: ich erlebe also eine schwierige Sache!

Endlich nach einer Menge von Zickzacks in einem Tale zwischen zwei spitzen, riesigen Felsen bemerkte ich zur Linken ein niedriges Haus, von einer vorüberziehenden Wolke beinahe verdeckt. Das ist das Hospiz!

Man reichte uns, wie der ganzen Armee, daselbst ein halbes Glas Wein, das mir wie rotes Gefrorenes vorkam. Vermutlich sind wir dort eingetreten, oder Beschreibungen des Innern des Hospizes, die ich gehört habe, haben in mir ein Bild hervorgerufen, daß im Laufe von sechsunddreißig Jahren an die Stelle des wirklich Gesehenen getreten ist. Das ist die Gefahr zu lügen, die ich seit den drei Monaten entdeckt habe, seitdem ich diese wahrheitsgetreuen Memoiren vorhabe.

Zum Beispiel steht mir der Abstieg klar vor Augen. Aber ich will nicht verhehlen, daß ich fünf oder sechs Jahre darnach einen Stich gesehen habe, der sehr ähnlich war; und meine Erinnerung ist nichts weiter als jener Stich.

Es ist auch gefährlich, Stiche von Gemälden, die man auf seinen Reisen sieht, zu kaufen. Bald bildet der Stich die alleinige Erinnerung und zerstört das wirkliche Andenken. So ist es mir mit der Sixtinischen Madonna in Dresden ergangen. Der schöne Stich von Müller hat sie mir zerstört, während ich noch genau die schlechten Pastelle von Raffael Mengs aus der gleichen Galerie vor mir sehe, von denen ich nirgends Stiche gesehen habe.

Ich kann mir noch sehr genau meinen Ärger vergegenwärtigen, daß ich mein Pferd an den Zügeln führen mußte; der Pfad bestand aus unbeweglichen Felsstücken. Weiß der Teufel, wie die vier Hufe meines Gaules auf dem schmalen Streifen an den Felsen hin Raum gefunden, haben. Dazu machte der Schinder Anstalten zu fallen; nach rechts hin wäre das kein großes Unglück gewesen, aber nach links hin. Was hätte Daru gesagt, wenn ich sein Pferd verloren hätte! Und überdies stak mein ganzes Gepäck und wohl der größte Teil meiner Barschaft in dem riesigen Mantelsack.

Der Kapitän schimpfte auf seinen Burschen, der ihm sein zweites Pferd beschädigt hatte. Er selber schlug sein eigenes Pferd mit dem

Stock auf den Kopf. Er war ein sehr heftiger Mensch und zu guter Letzt kümmerte er sich nicht im geringsten mehr um mich.

Um mein Unglück voll zu machen, kam ein Geschütz vorbeigefahren; wir mußten mit unsern Pferden zur Rechten des Weges hinaufklettern. Aber diese Situation möchte ich nicht beschwören. Auf dem Stiche ist sie so. Ich erinnere mich aber genau, daß dieser langwierige Abstieg um einen verteufelt glattgefrorenen See herum ging.

Endlich in der Gegend von Etroubles begann die Natur weniger rauh zu werden. Ein köstliches Gefühl für mich. Ich sagte zum Kapitän Burelvillers:

»Ist der Sankt Bernhard nichts als das?«

Es schien mir, als ob er sich ärgerte und bei sich dachte, ich wolle ihn anlügen oder (in unserer gewöhnlichen Umgangssprache ausgedrückt) ihm einen Bären aufbinden. Ich glaube aus meinen Erinnerungen zu ersehen, daß er mich wie einen Rekruten behandelte, was ich als Beleidigung empfand.

In Etroubles erreichte mein Glück den Höhepunkt, aber ich begann zu begreifen, daß ich nur in Augenblicken, wo der Kapitän guter Laune war, mit meinen Bemerkungen Glück hatte.

Ich sagte mir: Ich bin in Italien, also im Lande der Julietta, die Rousseau in Venedig fand, in Piemont, im Lande der Madame Bazile. Ich begriff wohl, daß solche Gedanken m höchstem Grade verbotene Ware in den Augen des Kapitäns waren, der einmal Rousseau einen Gassenjungen von Schriftsteller genannt hatte.

Ich wäre genötigt, einen Roman zu erfinden, um mir vorzustellen zu suchen, was ein siebenzehnjähriger, vor Glück toller, der Klosterzucht entronnener junger Mann fühlen muß, wenn ich von meinen Empfindungen von Etroubles bis zur Bergfeste Bard sprechen wollte.....

Wir glaubten die Armee uns ungefähr vierzig Milien voraus. Plötzlich sahen wir uns durch das Fort Bard aufgehalten. Ich sehe noch, wie wir eine halbe Milie von der Feste entfernt, links der Landstraße biwakierten. Hier vermengt sich meine Geschichtskenntnis mit der Erinnerung. Wahrscheinlich wurden wir zwei oder drei Tage vor Bard aufgehalten.

War der erste Konsul mit uns? Mir scheint es beinahe so. Habe ich nicht auch die Räder der Geschütze mit Stroh,[52] umwickelt gesehen? Oder ist das alles die Erinnerung an Gelesenes, was ich da in meinem Kopfe finde? Der grausige Kanonendonner in jenen hohen Bergen, in dem so engen Tale machte mich toll vor Aufregung. Endlich sagte der Kapitän zu mir:

»Wir müssen links über das Gebirge, dahin geht der Weg.«

Später habe ich erfahren, daß jenes Gebirge Albaredo heißt. Nach einer halben Stunde hörte ich von Mund zu Mund die Unordnung geben:

»Die Zügel nur mit zwei Fingern halten! Wenn die Pferde den Abhang hinunterstürzen, reißen sie euch sonst mit hinab!«

Donnerwetter! Es ist also Gefahr vorhanden! sagte ich mir. Auf einer kleinen Ebene wurde Halt gemacht.

»Aha hier sind wir in Sicht!« meinte der Kapitän.

»Sind wir im Feuerbereich?« fragte ich ihn.

»Nur keine Angst, mein Bürschchen!« antwortete er guter Laune. Wir waren unserer sieben bis acht Personen.

Seine Worte wirkten auf mich wie auf Petrus der Hahnenschrei. Ich träumte........ich ging an den Rand des Plateaus, um gefährdeter zu sein, und als der Marsch weiter ging, zögerte ich noch ein paar Minuten, um meinen Mut zu betätigen. Das war meine Feuertaufe.

Am Abend, als ich darüber nachsann, kam ich von meinem Erstaunen nicht los: Was, weiter nichts? sagte ich zu mir. Dies etwas törichte Erstaunen und dieser Ausruf sind mir mein ganzes Leben hindurch gefolgt. Ich glaube, das hängt mit der Phantasie zusammen.

Oft habe ich mir gesagt, – und ohne Reue, – wieviel schöne Gelegenheiten habe ich vorübergehen lassen! Ich könnte reich sein, zum

---

[52] Man berichtet, ein Teil der Artillerie sei nachts auf diese Weise durch den Ort Nard geführt worden

mindesten mein gutes Auskommen haben! Aber nun im Jahre 1836 erkenne ich, daß, mein größtes Vergnügen die Träumerei ist. Worüber? Oft über Dinge, die mich langweilten. Die Tätigkeit, die nötigen Schritte, um eine Rente von zehntausend Franken zusammenzubringen, sind mir unmöglich. Umsomehr als ich dabei schmeicheln, nirgends Anstoß erregen u.s.w. müßte. Allein letzteres wäre mir geradezu unmöglich.

Ich habe das seltene Glück gehabt, mein ganzes Leben lang beinahe nur das zu tun, was mir Vergnügen macht. Ich darf mich also über mein Geschick nicht beklagen. Vom siebenten bis zum siebzehnten Lebensjahre habe ich zwar ein erbärmliches Los gehabt, aber vom Übergang über den Sankt Bernhard ab habe ich mein Schicksal nicht mehr zu beklagen gehabt, im Gegenteil zu loben.

Mein Glück liegt darin, ich habe niemandem etwas zu befehlen und mir wird nichts befohlen. Ich glaube auch, ich habe wohl getan, nicht zu heiraten.

Ich erinnere mich, daß ich äußerst vergnügt war, als ich in Etroubles und in Aosta einzog. Was, der Übergang über den Sankt Gerhard ist weiter nichts? sagte ich mir wieder; ein paar Mal sagte ich es unützerweise laut, bis es am Ende der Kapitän Bureuillers falsch auffaßte – ungeachtet meiner Unschuld – und es für Prahlerei nahm. Sehr häufig haben naive Äußerungen von mir dieselbe Wirkung gehabt. Ein lächerliches oder auch nur übertriebenes Wort hat oft genügt, um mir die schönsten Dinge zu verderben. So war es zum Beispiel bei Wagram; als das Gras um die Geschütze herum in Brand geriet, rief ein aufschneiderischer Oberst: »Eine Gigantenschlacht!« Der großartige Eindruck war mir unwiderbringlich für den ganzen Tag dahin.

Ich machte übrigens, ehe ich meine Felsenklippe verließ, die Beobachtung, daß die Kanonade bei Bard ein schreckliches Getöse machte; es war erhaben, aber etwas allzunahe der Gefahr. Statt rein zu genießen, war die Seele noch etwas damit beschäftigt, sich zu fassen.

Ein für allemal bemerke ich dem braven Manne, dem einzigen vielleicht, der einst den Mut haben wird, dieses Manuskript zu lesen, daß alle diese schönen Betrachtungen aus dem Jahre 1836 stammen. Im Jahre 1800 wäre ich selber darüber erstaunt gewesen, trotz meiner Vertrautheit mit Helvetius und Shakespeare; ich hätte sie nicht begriffen.

Ich glaube, ich lag an jenem Abend bei einem Pfarrer im Quartier, dem die zwanzig bis dreißigtausend Mann, die vor dem Kapitän Burelvillers und seinem Schüler durchmarschiert waren, bereits übel mitgespielt hatten. Der egoistische und bösartige Kapitän fluchte. Es scheint mir, daß der Pfarrer mein Mitleid erregte; ich sprach lateinisch zu ihm, um seine Angst zu beschwichtigen.

Der dankbare Pfarrer belehrte mich über ›Donna‹ und ›cattiva‹ und das man ›Quanti sono miglia di qua a Ivera?‹ sagen müsse, wenn man wissen wolle, wieviel Milien es von hier bis Ivrea weit sei.

Das waren die Anfänge meines Italienisch.

Ich war über die Menge toter Pferde und anderer Überbleibsel der Armee derartig betroffen, daß sich mir von Bard bis Ivrea keine besondere Erinnerung eingeprägt hat. Es war das erste Mal, daß ich eine gewisse Empfindung hatte, die sich seitdem so oft wiederholt hat: die, mich zwischen den Marschkolonnen einer Armee Napoleons zu befinden. Der augenblickliche Eindruck verschlang alles ganz genau so ist mir die Erinnerung an den ersten Abend, wo mich Jules als Geliebten behandelte. Mein Gedächtnis ist nichts als ein bei dieser Gelegenheit gedichteter Roman.

Noch sehe ich den ersten Anblick von Ivrea, wie ich ihn dreiviertel Milie vor der Stadt wahrnahm: halbrechts vor mir, zur Linken in einiger Entfernung Berge.

Am Abend hatte ich ein inneres Erlebnis, das ich nie vergessen werde. Ich ging, dem Kapitän zum Trotz, ins Theater. Man gab Cimarosas »Matrimonio Segreto«. Der Schauspielerin, die die Carolina sang, fehlte ein Vorderzahn. So wenig bleibt von einem göttlichen Glücke übrig!

Mit einem Schlage waren meine beiden großen Taten: der Übergang über den Sankt Bernhard und meine Feuertaufe dahin. Sie erschienen mir gewöhnlich und klein. Ich empfand etwas Ähnliches wie kürzlich in der Kapelle oberhalb Rolle, aber viel reiner und lebhafter. Die Pedanterie der Julie d'Etanges ärgerte mich an Rousseau. Dafür war an Cimarosa alles göttlich.

Mein Leben begann von neuem und meine ganze Pariser Hoffnungslosigkeit war auf immer begraben. In Italien leben und solche Musik hören wurde die Grundlage aller meiner Gedanken.

Am anderen Morgen, als wir neben unseren Pferden hinmarschierten, war ich so einfältig, mit dem sechs Fuß langen Kapitän von meinem Glück zu sprechen. Er antwortete mir mit gemeinen Scherzen über die leichten Sitten der Schauspielerinnen. Mir war das Wort »Schauspielerin« wert und heilig, Mademoiselle Kably[53] wegen und erst recht an jenem Morgen, wo ich in die Carolina der »Heimlichen Ehe« verliebt war. Wahrscheinlich wurden wir ernstlich uneinig, ich hatte gar Duellgedanken.

Ich verstehe meine Tollheit nicht. Aus ähnlichem Anlaß habe ich einmal den trefflichen Joinville, den jetzigen Baron und Armeeintendanten in Paris, gefordert. Dabei konnte ich meinen Säbel nicht wagrecht halten.

Abgesehen von dem lebhaftesten und tollsten Glücksgefühl habe ich wirklich von Ivrea bis Mailand nichts zu berichten. Der Anblick der Landschaft entzückte mich. Ich fand in ihr nicht die Verwirklichung des Schönen; aber auf dem Marsche nach Mailand, wo die Menge der Bäume und die Fülle der Vegetation und selbst die Maisfelder verhinderten, rechts und links hundert Schritt weit zu sehen, fand ich, das sei das Schöne.

Das ist mir Mailand auch zwanzig Jahre lang geblieben, von 1800 bis 1820. Nur mit Mühe vermag ich dieses angebetete Bild vom Schönen los zu trennen. Mein Verstand sagt mir wohl: wahrhaft schön sind Neapel und der Posilip, die Umgebung von Dresden, der Genfer See und ähnliches, – mein Verstand sagt mir das, aber mein Herz versteht nur Mailand und die üppige Landschaft seiner Umgebung.

---

[53] Anspielung an eine Jugendschwärmerei Beyles zu einer Grenobler Schauspielerin

Bibliographischer Anhang.

Die Werke Stendhals.
I.

Zu Lebzeiten Stendhals erschienen in Buchform[54] :

1. Leben Haydns, Mozarts und Metastasios. Paris, 1814, 1817 und 1831. Englische Übersetzung: London, 1817 und s. a.

2. Geschichte der Malerei in Italien. 2 Bände. Paris, 1817 (und 1831).

3. Rom, Neapel und Florenz. Paris, 1817. Vermehrte Ausgabe in 2 Banden: Paris, 1826. Englische Übersetzung: London, 1818,

4. Über die Liebe. Paris, 1822 (und 1833). Deutsche Übersetzungen: Berlin, 1888 und Leipzig, 1903.

5. Racine und Shakespeare. 2 Broschüren. Paris, 1823, bezw. 1825,

6. Leben Rossinis. Paris, in 2 Bänden 1824, (in 1 Band 1824). Deutsche Bearbeitung: Leipzig, 1824.

7. Ein neues Komplott gegen die Industriellen. Broschüre. Paris, 1825.

8. Armance. (Roman.) Paris, 1827.

9. Spaziergänge in Rom. 2 Bände. Paris. 1829. Belgischer Nachdruck: Brüssel, 1830. Ins Deutsche übersetzte Auszüge: Leipzig, 1831.

10. Rot und Schwarz. (Roman.) Paris, 1831 (in 2 Bänden), 1831 (in 6 Bänden). Belgischer Nachdruck: (in 3 Bänden) Brüssel, 1832. Deutsche Übersetzung: Leipzig 1900. Englische Übersetzung: 1901.

11. Tagebuch eines Reisenden. 2 Bände, Paris, 1838. Belgischer Nachdruck: Brüssel, 1838. Deutsche Übersetzung des ersten Bandes: Kassel, 1839, Quedlinburg und Leipzig, 1846.

---

[54] Die in Klammern angegebenen Ausgaben sind keine Neudrucke, sondern haben nur neugedruckte Titelblätter. Die nach 1842 erschienenen Ausgaben sind nicht mit aufgeführt

12. Die Kartause von Parma. (Roman.) 2 Bände, Paris, 1839 (zwei Auflagen). Sehr freie deutsche Bearbeitung: Dresden und Leipzig, 1845 (unter dem Titel »Kerker und Kirche«). Italienische Übersetzung: Mailand, 1855. Englische Übersetzung: London, 1902. Amerikanische Übersetzung: New-York, s. a. Deutsche Übersetzung: Jena, 1904.

13. Die Äbtissin von Castro. (Novelle.) Paris, 1839. Deutsche Übersetzung: Leipzig, 1904.

II.
Nach Stendhals Tode erschienen:

14. Romane und Novellen. Paris, 1834.

15. Italienische Chroniken. Paris, 1855. Deutsche Übersetzung: Leipzig, 1904 (unter dem Titel »Renaissancenovellen«).

16. Nachgelassene Novellen. Paris, 1855.

17. Briefwechsel. Paris, 2 Bände, 1855. (Im Buchhandel vergriffen.)

18. Allerlei über Kunst und Literatur. Paris, 1867. (Im Buchhandel vergriffen.)

19. Leben Napoleons, Fragment. Paris. 1876.

20. Tagebuch Stendhals, (1601–1814). Paris, 1888,

21. Lamiel. Nachgelassener Roman. Paris, 1889.

22. Leben des Henri Brulard. Autobiographisches Fragment (1788 –1800). Paris, 1890.

23. Erinnerungen eines Egotisten. Autobiographisches Fragment (1821–1830) und Briefe. Paris, 1892. Deutsche Übertragung: Jena, 1905.

24. Intime Briefe. (Briefe Beyles an seine Schwester Pauline.) Paris, 1892.

25. Lucian Leuwen. Fragmentarischer Roman. Paris, 1894.

26. Napoleon [und andere Fragmente]. Paris, 1897.

27. Molière im Urteile Stendhals. Paris, 1898.

28. [In Vorbereitung:] Gesammelte nachgelassene Fragmente. Paris, 1905.

III.
Französische Ausgaben im Buchhandel:

1. Oeuvres complètes. Paris, Calmann-Lévy. 22 Bände (teilweise vergriffen.)

2. Le Rouge et le Noir: a) Edition Lemerre, 2 Bde. in 12°, Paris, 1886. b) Elzevirausgabe (Girard-Villerelle), 4 Bde. in 32°, Paris, 1889. c) Luxusausgabe, Edition Conquet, 3 Bde. in 8°, Paris, 1884–1885.

3. La Chartreuse de Parme: a) Edition Lemerre, 2 Bde in 12°, Paris, 1886. b) Elzevirausgabe (Villerelle), 4 Bde. in 32°, Paris. 1901. c) Luxusausgabe, Edition Conquet, 2 Bde. in 8°, Paris, 1883.

4. L'Abesse de Castro: a) Edition Lemerre, 1 Bd. in 16°, Paris, 1894. b) Elzevirausgabe (Girard), 1 Bd. in 32°, Paris, 1898 c) Chefs-d'oevre du siècle illustrés, No. 15, Paris, 1890. d) Luxusausgabe der Sociétaires de l'Académie des beaux-livres, Paris, 1890 (in Großoktav).

5. Pages choisies des grands écrivains: Stendhal. Paris, (Colin), 1901.

IV.
Dramatisierte Novellen Stendhas[55]

1. L'Abbaye de Castro. Drama in fünf Akten von G. Lemoine und P. Goubaux. Aufgeführt am 4. 4. 1840 im Théatre de la Porte-Saint-Martin.

2. Vanina Vanini, Trauerspiel in vier Akten von Paul Heyse. Berlin (Hertz), 1896, (ohne Nennung der Quelle).

B.
Die Stendhalliteratur.

Chronologisches Verzeichnis

---

[55] Über die poetische Verwertung zweier Stellen des Stendhalschen Buches »Über die Liebe« in Heinrich Heines »Romanzero« vgl. »Henry Beyle-Stendhal in Deutschland« in Neue Bahnen, Halbmonatsschrift, Wien, 1903, Heft 21 u. 22,

aller über Beyle=Stendhal erschienenen Biographieen, Studien, größeren Essays u. s. w, mit Ausnahme der lediglich in Zeitschriften oder Zeitungen veröffentlichten Artikel.

1. F. W. Carové: Über Frankreich, Italien und Spanien von Fiévée, Stendhal u. f. w. Leipzig (Wolbrecht), 1831, Seite 35–80. (Bespricht und zitiert *Stendhals Wanderungen in Rom.*)

2. Honoré de Balzac: La Chatreuse de Parme. Revue Parisienne vom 26. 9. 1840. Wiederabgedruckt in den meisten älteren Ausgaben der Chatreuse, insbesondere in der bei Hetzel, Paris, 1846, ebenso in Balzacs Oeuvres complètes, Bd, 23.

3. Romain Colomb: Notice sur la vie et les ouvrages de Henri Beyle (Stendhal), (1845) Wiedergedruckt im Bande Romanes et nouvelles der Edition Michel Lévy (1854), in den späteren Auflagen ohne die bibliographischen Notizen.

4. Prosper Mérimée: Henri Beyle, Notes et Souvenirs. (1850.) Wiedergedruckt im ersten Bande der Correspondance, (Michel Lévy,) 1855. In Buchform: San Remo, (Jan,) 1874.

5. Paulin Limayrac: Einleitung zu De l'Amour. Edition Paris, (E. Didier.) 1853.

6. Sainte-Beuve: M. de Stendhal, ses oeuvres complètes. Causeries du Lundi, Paris (Garnier), 1854, IX, 301-341. Nouveaux Lundis, Paris (Lemerre), 1876, III, 142–195.

7. Edmonde Caro: Etudes morales sur 1e temps présent. Paris (Hachette), 1855. . . . Stendhal . . . Seite 159–277.

8. Louis Ulbach: Ecrivains et hommes de lettres. . . . Stendhal . . . Paris (Delahane), 1857.

9. Barben d'Aurevilln: Les Oeuvres et les Hommes. IV: Les Romanciers . . . Stendhal . . . (1860), Seite 43–59.

10. Hippolnte Taine: Les Philosophes français au XIX é siècle, Kapitel XII: Etude sur Stendhal. Nouvelle Revue de Paris vom 1. 3. 1864. In Buchform: Essais de critique et d'histoire . . . Stendhal . . . Paris (Hachette), 1868. Vgl. auch Einleitung zu Histoire de la litérature anglaise, Seite 45 f. [In der deutschen Ausgabe fehlt der Essay über Stendhal.]

11. [Albert Collignon]: L'art et la vie de Stendhal. Paris (Germer-Baillière), 1868.

12. Alfred de Bough: Stendhal, sa vie et son oeuvre. Paris (Cherbuliez), 1868.

13. Andrew Archibald Paton: HenryPeyle, a critical and biographical study . . . London (Trübner), 1874.

14. Hippolyte Babou: Sensations d'un Juré . . . Stendhal . . . Paris (Lemerre), 1875, Seite 87–136.

15. Ludwig Spach: Zur Geschichte der modernen französischen Literatur. Essays. Rouge et Noir von Herrn von Stendhal (Henri Beyle) . . . Straßurg, (Trübner,) 1877, Seite 1–63.

16. Emile Zola: Les Romanciers naturalistes . . . Stendhal . . . Paris (Charpentier), 1881, Seite 75-124.

17. Francisque Sarcey: Einleitung zur Chartrouse de Parme in der Edition Conquet (1882), 23 Seiten.

18. Paul Bourget: Essais de psychologie contemporaine . . . . Stendhal . . . Paris (Lemerre), 1883, Seite 253–323. Ebenso (auszugsweise) als Einleitung in der Edition Lemerre (1886). [Diese Essays sind in deutscher Übersetzung bei Bruns (MInden), 1903 erschienen.]

19. Léon Chapron: Einleitung zu Le Rouge et le Noir, Edition Conquet (1884).

20. Emond Maignien: La Famille de Beyle-Stendhal. Notes généalogiques. Grnoble (Drebet), 1889.

21. Henri Cordier: Stendhal et ses amis. Notes d'un curieux. Evreux (Hérissey), 1890,

22. Emile Faguet: Politiques et Moralistes. Paris (Lecène et Dudin), 1889, Bd. III.

23. Casimir Stryienski: L'enfance de Henri Beyle . . . Grenoble (Gratier), 1889.

24. derselbe: Einleitung Stendhal et les salons de la Restauration zu Stendhals Souvenirs d'egotisme. Paris (Charpentier) 1892.

25. Edouard Rod: Standhal. Paris (Hachette), 1892.

26. Louis Farges: Standhal diplomate, Rome et l'Italie de 1827 à 1842 d'après sa correspondance officielle inédite. Paris (Plon-Nourrit), 1892.

27. Albert Kontz: De Henrico Beyle sive Stendhal litterarum germanicarum judice. Paris (Leroux), 1899.

28. Barbiera: Figures et figurines. . . Stendhal en Italie et Mathilde Dembowska. . . Mailand, 1899.

29. (Auguste Cordier): Comment a vécu Stendhal. Préface de Casimir Stryienski. Paris (Villerelle), 1900.

30. Friedrich von Oppeln-Bronikowski: Einleitung zu »Rot und Schwarz«, Leipzig (Eugen Diederichs), 1900.

31. Pierre Brun: Henri Beyle-Stendhal. Grenoble (Gratier) 1900,

32. Benno Rüttenauer: Einleitung zu »Aphorismen aus Stendhal«. Straßburg (Heitz und Mündel), 1901.

33. Wilhelm Wetgand: Stendhal. Insel, Leipzig, Oktober- bis Dezemberheft 1901. Wiedergedruckt in: Moderne Essays. Berlin (Gose und Tetzlaff), Heft 26: Stendhal.

34. Arthur Chuquet: Standhal-Beyle. Paris (Plon-Nourrit), 1902.

35. Jean Mélia: Standhal et les femmes. Paris (Chamuel), 1902.

36. Hugues Rebell: Les inspiratrices de Balzac, Stendhal et Mérimée. Paris (Dujarrte), 1902, Seite 57–146.

37. Baron Alberto Lumbroso: Vingt Jugements inédits sur Henry Beyle (Stendhal). Florenz (Franceschini), 1902.

38. derselbe: Stendhal e Napoleone. Rom (Bocca), 1903.

39. Emile Roux: Un peu de tont sur Beyle-Standhal. Grenoble (Falque et Perrin), 1903.

40. Paul Wiegler: Französische Rebellen. . . Stendhals Kulte. . . Moderne Essays. Berlin (Gose und Tetzlaff), 1903, Heft 39–41.

41. Adolphe Paupe: Histoire des Oeuvres de Stendhal. [Bibliographie.] Paris (Dujarric), 1903.

42. J. Bourdeau: Les Maîtres de las Pensées contemporaine. Stendhal. . . Paris (Alcan). 1904, Seite 1–27.

Nachtrag

43. Georg Brandes: Die Hauptströmungen der Litteratur des 19. Jahrhunderts, Band: Der Romantismus in Frankreich, . . . Stendhal. . . (1872–83.) Deutsche Ausgabe, 1900. von Stendhal

Über tredition

Eigenes Buch veröffentlichen

tredition wurde 2006 in Hamburg gegründet und hat seither mehrere tausend Buchtitel veröffentlicht. Autoren veröffentlichen in wenigen leichten Schritten gedruckte Bücher, e-Books und audio-Books. tredition hat das Ziel, die beste und fairste Veröffentlichungsmöglichkeit für Autoren zu bieten.

tredition wurde mit der Erkenntnis gegründet, dass nur etwa jedes 200. bei Verlagen eingereichte Manuskript veröffentlicht wird. Dabei hat jedes Buch seinen Markt, also seine Leser. tredition sorgt dafür, dass für jedes Buch die Leserschaft auch erreicht wird.

Im einzigartigen Literatur-Netzwerk von tredition bieten zahlreiche Literatur-Partner (das sind Lektoren, Übersetzer, Hörbuchsprecher und Illustratoren) ihre Dienstleistung an, um Manuskripte zu verbessern oder die Vielfalt zu erhöhen. Autoren vereinbaren direkt mit den Literatur-Partnern die Konditionen ihrer Zusammenarbeit und partizipieren gemeinsam am Erfolg des Buches.

Das gesamte Verlagsprogramm von tredition ist bei allen stationären Buchhandlungen und Online-Buchhändlern wie z. B. Amazon erhältlich. e-Books stehen bei den führenden Online-Portalen (z. B. iBookstore von Apple oder Kindle von Amazon) zum Verkauf.

Einfach leicht ein Buch veröffentlichen: **www.tredition.de**

Eigene Buchreihe oder eigenen Verlag gründen

Seit 2009 bietet tredition sein Verlagskonzept auch als sogenanntes "White-Label" an. Das bedeutet, dass andere Unternehmen, Institutionen und Personen risikofrei und unkompliziert selbst zum Herausgeber von Büchern und Buchreihen unter eigener Marke werden können. tredition übernimmt dabei das komplette Herstellungs- und Distributionsrisiko.

Zahlreiche Zeitschriften-, Zeitungs- und Buchverlage, Universitäten, Forschungseinrichtungen u.v.m. nutzen diese Dienstleistung von tredition, um unter eigener Marke ohne Risiko Bücher zu verlegen.

Alle Informationen im Internet: **www.tredition.de/fuer-verlage**

tredition wurde mit mehreren Innovationspreisen ausgezeichnet, u. a. mit dem Webfuture Award und dem Innovationspreis der Buch Digitale.

tredition ist Mitglied im Börsenverein des Deutschen Buchhandels.

Dieses Werk elektronisch lesen

Dieses Werk ist Teil der Gutenberg-DE Edition DVD. Diese enthält das komplette Archiv des Projekt Gutenberg-DE. Die DVD ist im Internet erhältlich auf **http://gutenbergshop.abc.de**